青少年
综合素质培养课

青少年

能 力

培养课

行动

杜兴东　编著

全球经典的品质培养成长书系之一

你的人生第一课

北京出版集团
北京出版社

图书在版编目（CIP）数据

青少年能力培养课．行动／杜兴东编著．— 北京：
北京出版社，2014.1
　（青少年综合素质培养课）
ISBN 978 - 7 - 200 - 10296 - 3

　Ⅰ．①青… Ⅱ．①杜… Ⅲ．①青少年—能力培养
Ⅳ．①G421

中国版本图书馆 CIP 数据核字（2013）第 282786 号

青少年综合素质培养课

青少年能力培养课　行动
QING-SHAONIAN NENGLI PEIYANGKE　XINGDONG

杜兴东　编著

*
北 京 出 版 集 团
北 京 出 版 社 　出版
（北京北三环中路6号）
邮政编码：100120

网　　址：www . bph . com . cn
北 京 出 版 集 团 总 发 行
新 华 书 店 经 销
三河市同力彩印有限公司印刷
*
787 毫米×1092 毫米　16 开本　12 印张　170 千字
2014 年 1 月第 1 版　2023 年 2 月第 4 次印刷
ISBN 978 - 7 - 200 - 10296 - 3
定价：32.00 元
如有印装质量问题，由本社负责调换
质量监督电话：010 - 58572393
责任编辑电话：010 - 58572303

前　言

当你眼中出现了一条路时，要知道你能走多远，就需要自己用脚去丈量。生命的意义就在于把脑子里的地图，用脚走出来。否则，脑子里就算是忙出了花，但是没有行动，还是一场空。知道却不去实践，其实还是一种变相的无知。

在日常生活中，很多人从小就被"成长的程序"安排着。比如小时候在哪一所学校读书，长大了从事什么样的职业，建立怎样的家庭……有太多人生在我们还没来得及思考的时候，就已经被父母、长辈安排好、规划好。没有追逐，没有尝试，甚至没有挫折和失误，按部就班地走着。可是，在这样的设计中，我们内心的愿望常常被忽略了、被埋没了，我们走得很顺畅，却不真实。

梦想，不是用来想的，而是带领你向前跑的。许多事情看着容易，做起来却难。只有自己亲身体会过了，才能明白其中的难处，才能知道如何克服这些困难。否则，所有的困难都是你凭空想象出来的，那么你自己以为会的本领其实也是虚的，一旦真的遭遇困难了，你会发现原来一切和自己想象的都不一样。

在一个村子里，有个渔夫有一流的捕鱼技术，被人们尊称为"渔王"，每次外出打鱼，总是他收获最多。然而渔王非常苦恼，因为他的三个儿子的捕鱼技术都很平庸。于是渔王经常向人诉说心中的苦恼："我真不明白，我捕鱼的技术这么好，我的儿子们为什么这么差？我从他们懂事起就传授捕鱼技术给他们，从最基本的东西教起，告诉他们怎样织网最容易捕到鱼，怎样划船最不会惊动鱼，怎样下网最容易请鱼入瓮。他们长大了，我又教他们怎样识潮汐、辨鱼汛。凡是我长年辛辛苦苦总结出来的经验，我都毫无保留地传授给了他们，可他们的捕鱼技术竟然赶不上技术比我差的渔民的儿子！"每次，村里的人听完后都会表示遗憾。

有一天，一位路过的老人听了他的诉说后，问："你一直手把手地教他们吗？""是的，为了让他们学到一流的捕鱼技术，我教得很仔细、很耐心。""他们一直跟随着你吗？有没有犯什么错误？""是的，为了让他们少走弯路，我一直让他们跟着我学。在打鱼的时候，他们的方法都没有问题，从没有出过差错，但是打上来的鱼总是没有别人的多。"

老人说："这样说来，你的错误就很明显了。你只传授给了他们技术，却没有让他们在下海打鱼的过程中总结失败的教训或者成功的心得。这样的人，怎么能成大器呢？"

渔王的错误是，他没有让自己的儿子在打鱼过程中去犯错、去汲取教训。因为他和儿子在打鱼上的潜力和弱点都不一样，如果他的儿子能够按照自己的方法去做，或许会更出色。别人的经验只能用来借鉴，而最有价值的是你在游泳时、钓鱼时自己总结的心得，不仅因为它更深刻，也因为对你来说最有用。

这真是令人感到悲哀的事情——我们读了那么多年的书，却不知道该怎么做，不知道怎么样才能做好。就像一个生命的罗盘，很多人都是在逆时针行走。学了许许多多知识后，才发现内心的空虚与缺失。在我们想到了这些的时候，不妨在漫长的旅途中稍作停顿，好好反思，将生命的罗盘沿着顺时针行走，好好地充实自己的内心，然后用自己的实践去打造我们精彩的人生。

目　录

第一章

培养自立的能力

自己做一个决定

生活中，许多青少年从小到大，从日常生活、交友、学习、报考专业、工作，甚至恋爱，都听从父母、老师的意见和安排。他们或者依赖，或者无奈。然而，真正的杰出青少年，应勇敢地自己做一个决定。

在《发现孩子的最佳才能区》这本书中，有这样一个真实的故事：

1999 年 8 月，有一位叫李鸣的考生以总分 659 分的高分考取了北京大学。在报考专业一栏中，李鸣填的是生命科学。

李鸣之所以填生命科学，是北京大学的潘教授唤醒了他对生命科学的热爱。

那是他初中毕业的那一年，李鸣参加全国青少年生命科学夏令营。在那里，他邂逅了北大著名生物学家潘教授，潘教授送给他一本自己的书——《秦岭：大熊猫的自然庇护所》。书的扉页上写着一段意味深长的话："如果哪一种物种的最后一个个体停止了呼吸，就意味着地球又有一段灿烂而不可再现的历史将悄然逝去，我们的子孙也就失去了这份宝贵的自然遗产。让我们用共同的智慧和努力来阻止这种情况的发生！"潘教授的话如同火种般点燃了李鸣对生命科学的热情，激发了李鸣对生命科学的兴趣，考上北大生命科学系成了李鸣高中 3 年的奋斗目标。

然而，当他兴高采烈地接到北大录取通知书的时候，他傻了！录取他的不是北大生命科学系，而是北大无线电电子学系。原来是他的母亲听说电子计算机是最热门的专业，她知道事先和儿子商量肯定行不通，便偷偷地到教育局修改了档案。这样的打击对李鸣来说是残酷的，它粉碎了李鸣几年来的梦想。绝望的李鸣伤心地大哭了一场，他扔了通知书，一再表态第二年要接着考。一直到临近开学的前几天，李鸣还在坚持己见。面对这种情况，整个家都慌了手脚，最后李鸣的母亲哭着求他去北大报到。李鸣妥协了，他带着一种无可言说的遗憾，来到了北大。

然而，在北大无线电电子学系求学的过程成了李鸣从未有过的痛苦经历，他的学习成绩曾一度出现不及格。刚开始李鸣还将希望寄托于转系，然而当他得知北大对转系的学生有一个最基本的要求，就是每年的期末考试成绩必须都及格时，他再度绝望了。

由于发奋学习，李鸣从二年级开始，学习成绩大有起色，但他还是选择了退学重考自己喜欢的专业。可以想象，他的这个决定对他的父母又将会产生什么样的震动。但这次李鸣没有妥协，主意已定，他要选择自己的人生道路，不再做父母的木偶。一年后，李鸣以某省有史以来高考的最高分——703分，摘取了当年该省高考状元的桂冠，考入清华大学。

李鸣的故事告诉我们：学着自己做一个决定，是青少年走向成熟、独立的必由之路。

打开历史长卷，我们不难发现：

杰出者的身上具有许多种优良品质——勇敢、忠诚、创新、进取，当然独立也是这些品格中不可缺少的品质之一。如果一个依赖于他人的人也会获得成功的话，恐怕历史上就不会有很多民族为独立而战了。没有独立做前提，成功也许只是个假设。独立性格是成功者的必备条件，历史既然如此证明，现实生活也是这样。独立习惯的养成，对一个人的事业、未来、人生都有莫大的好处，所以一个青年人若想成就事业，这是必不可少的一个条件。

有一位学术界知名的学者曾告诫青年学生们：

"如果你过分依赖别人，那你便会上当，因为你不能分辨别人的话究竟是对的还是不对的，而你对于别人的动机也就茫然不知。"

如果你要做一个成功的人，那就应该是个品格独立的人，首先你就应该学会对自己负责。

在生活中自己做决定，依赖于主观、客观条件，青少年朋友可以从以下几方面能力的训练着手：

（1）多进行独立的思考，有想法、有主见。

（2）有足够的自信心，坚信自己可以做得很好。

（3）提升自身的综合能力。因为，有实力才有发言权。

（4）观察力。要善于见微知著，提挈全局，抓住要领。

（5）分辨力。要分辨矛盾双方的强弱与均衡，使决断具备清晰的条理。

（6）判断力。权衡利弊，在充分掌握全局的基础上，判断你的决定的效应。

选一条属于自己的路

小冰上学期间，理解力似乎赶不上同学。最后，校长、老师对他没有了任何信心。

小冰的母亲非常伤心失望，她带着小冰回家，决定要靠自己的力量，好好地培养他成才。

但是，不管母子俩怎么努力，小冰对于读书实在有心无力，但孝顺的他为了安慰母亲，即使读得再吃力，也一直坚持。

这天，读得心烦的小冰，路过了一家正在装修的超市，发现有个人正在超市门前雕刻一件艺术品。

没想到，小冰这一看居然看得出神了，他停下脚步好奇而用心地观赏着，且产生了无比的兴趣。

此后，母亲发现小冰只要看到木头或石头，便会认真而仔细地按照自己的想法去打磨、塑造，但是对于读书一事开始放弃了。他觉得他的优势总有一天会在手中的刻刀上表现出来。

母亲着急地劝他，最后小冰不得不听从母亲的劝告继续读书，只是已经着迷于雕刻世界的他，一直无法放下手中的雕刻刀。

小冰最终还是让母亲彻底失望了，当落榜通知单寄到家中时，母亲对他说："你走自己的路吧！你已经长大了，没有人必须再为你负责。"

小冰知道，自己在母亲眼中是个彻底的失败者，他在难过之余做了最后决定，要远走他乡，寻找自己的未来。落榜对他的打击并不是很大，因为这样的失败使他知道了他究竟应该走哪条路。

许多年后，这座城市为了纪念一位名人，决定在市政府门前广场上放置名人的雕像，当地的雕塑师纷纷献上自己的作品，希望自己的大名也能与这位名人联系在一起。

但是，最后评选的结果，是一位远道而来的雕塑师胜出。

在落成仪式上，这位雕塑大师发表了讲话："我想把这件雕塑作品献给我的母亲，因为，我读书时无法实现她的期望，我的失败更令她伤心失望过。但是，现在我想告诉她，虽然大学里没有我的位置，但是我找到了另一个成功的位置。母亲，今天的我绝对不会让您失望了。"

原来是小冰，而站立在人群中的母亲，更是喜极而泣，她现在才明白，儿子原来一点也不笨，但愚笨的她差点把孩子放错了位置。

可见，每个人都有适合自己的路，选对了，就应坚定地走下去。

小时候，青少年朋友都有宏大的理想：做英雄，成为世界首富，成为发明家，策划许多有创意的事……总之，就是要过上精彩的人生，成为最杰出的人。

但是后来呢？当你年岁增长到可以去实现自己的理想时，四面八方的压力蜂拥而至。亲人、老师已为你设计好一条也许你并不热爱的路，或者你耳边不断萦绕着别人的议论，"别做白日梦了"，你的想法"不切实际、愚蠢、幼稚可笑"，"必须有天大的运气或贵人相助"，或"你太老""你太年轻"。

在现实面前，你要么完全放弃，要么半途而废。不是事情绝对不可能成功，而是太多的别人的意见使你丧失了成功的勇气。只有那些真正意志坚定的人能冲破这些羁绊，走向成功，而且是接连不断的成功。

贝多芬学拉小提琴时，技术并不高明，他宁可拉他自己作的曲子，也不肯做技巧上的改善，他的老师说他绝不是个当作曲家的料。

歌剧演员卡罗素美妙的歌声享誉全球。但当初他的父母希望他能当工程师，他的老师则说他那副嗓子是不能唱歌的。

发表《进化论》的达尔文当年决定放弃行医时，遭到父亲的斥责："你放着正经事不干，整天只管打猎、捉狗、捉耗子。"另外，达尔文在自传中透露："小时候，所有的老师和长辈都认为我资质平庸，我与聪明是沾不上边的。"

从上述成功者的经历中，我们可以发现：

成功者总是自主性极强的人，他总是自己担负起生命的责任，而绝不会让别人驾驭自己。

青少年朋友如何选一条属于自己的路呢？

1. 依赖自己，而不是依赖别人

一切都靠自己去奋斗、去争取。控制了依赖心理之后，一个人才会找到自己的生活目标，找到生活的方向，自己靠自己获得事业的成功。而且，只有靠自己取得的成功，才是真正的成功。

2. 消除身上的惰性

要消除惰性，就得锻炼自己的意志。处理事情的时候，要果敢上前，说做就做，该出手时就出手；还得有灵活的头脑，要善于思考，勤于思考。

3. 要有独立意识，要自己替自己做主

要自己替自己做主，就是要时时想到，只有自己的劳动所得的成果，才是真正属于自己的；只有享受自己的成果，才会有真正的快乐。

4. 要从小事做起

每天认真反思自己的思想，一步一个脚印地去做。任何事情都是这样，不可能一下子就能做成，需要慢慢地起步，一步步地积累，最后才做成。

干些家务活

生活中，一些青少年很少干家务活，甚至连最基本的生活自理能力都没有。他们早起不叠被子，床上、桌上乱七八糟，不会洗衣，不会做饭、烧菜，光是吃现成的，穿现成的，很少主动擦（扫）地，打水，收拾屋子……养成了一种"小皇帝""少爷""小姐"的习气。他们常常理直气壮地说：现在的任务是专心念书，上大学，家务劳动那些生活琐事，干不干无关紧要。

其实，正如古人所说："一屋不扫，何以扫天下？"干家务活虽是小事，但做些力所能及的家务活，对青少年的责任感、适应能力、生存能力、良好习惯的培养都起着潜移默化的作用。

回忆少年时代，"飞人"乔丹曾在电视台"60分钟名人访谈"节目中告诉主持人戴安娜·索亚："许多人都挑我的刺，并且在女孩子面前嘲笑我。他们嘲笑我的发型，嘲笑我好吐舌头及其他一些与众不同的生活细节。女孩子们也跟着起哄，这样，我无法得到她们的好感，也无法同她们中的任何一个人约会。"

于是，这导致乔丹在上十年级时成了兰尼高中选修家政课的少数几个男孩中的一个。他干家务活的能力得到了提高，乔丹回忆说，当年几乎每个到他家里去的人都会看见他手拿吸尘器打扫卫生或整理衣物。这些事被传扬开来，使得人们把他当成一个合格的好青年——一个敏感时代的合格青年——要知道，他并没有像许多同龄人一样，整日游手好闲、酗酒斗殴。

英国前首相撒切尔夫人每天都会为丈夫和家人准备早餐，这不仅不耽误政事、为人耻笑，反而赢得了人们的赞誉。

青少年多干些家务活，有许多益处：

首先，可以提高自己的独立生活能力。要想获得生活上的自立、自理能力，最好的办法就是和父母分担家务劳动。

其次，可以培养良好的意志品质，培养克服困难的精神。这对于今后的学习和工作都是十分有益的。

再次，可以培养关心他人的品质，促进家庭和睦。

另外，干家务活有利于开发智力，促进智能的提高，有助于创造力和实际操作能力的发展。

1995 年 11 月 8 日出版的《中华家教》中有一篇文章说：

儿童教育学家中岛博士坚持主张孩子应该干点家务活儿。他在 3 个城市和 12 个乡村中曾调查过 361 个各种类型的家庭，结果发现，凡是干家务活的孩子，其智力发展水平都较不干家务活的高，独立生活能力较强。据国际儿童机构的统计，世界各国儿童干家务活的，以美国家庭最多，干家务活的时间也最多。

中岛博士的研究表明，开发智力理应从训练孩子的感觉器官和运动器官入手，而干家务活正是一种好的训练。干家务活可以在日常生活中使孩子有尽可能多的机会，通过视觉、听觉、触觉、味觉和嗅觉接受外界的各种刺激。这种刺激信息传入大脑，便可获得某种智能。干家务活还能从小训练孩子的运动器官，使动作、语言、技能等得到充分发展，促进大脑对各器官肢体的控制能力，使儿童的动作能力得到锻炼。

法国伟大的思想家卢梭说过这样一句话："一个小时劳动所获得的东西，比一天听讲解得到的要多。"人的大脑是思维的基础，光有这个基础还不行，不培养锻炼是产生不了思想和智慧的。从小让孩子干点家务活儿，可以使之不致成为享用现成知识的人，而成为有才能、有丰富创造力的人。

由于家务劳动是人类生活所必需，世界各国都重视对青少年的家务劳动教育和训练。在日本，学校开设了学习家务劳动的课程，让学生学会洗衣、缝补、做饭这些基本的家务劳动技能。德国 100 年来一直要求孩子必须帮助父母劳动，布鲁尔市法院根据传统曾通过一项法律，规定：不足 6 岁的儿童可以只玩耍，不承担家务劳动；6～10 岁要帮助父母洗器皿，收拾住宅，去商店买东西；10～14 岁要在花园干活，刷鞋，擦鞋；14～16 岁时要擦汽车，到花园翻土；16～18 岁时，每星期要对住宅进行一次大扫除。

生活中，家务活范围很广，包括：扫地、抹桌子、拖地、叠被子、整理房间、做饭、买菜、洗衣服，等等。我们怎样才能使自己乐于干家务活呢？

首先，要端正做家务的认识。我们对做家务有几种认识：一种认为做家务是父母的事，我们不必做家务；第二种认为我们的主要任务是学习，做家务会影响学习，所以做家务不是我们的事；第三种认为做家务太平凡，没出息，要做就做大事，不做小事。这几种认识都是错误的，错就错在对做家务的重要意义认识不足。

做家务是对家庭的一种贡献，一种责任。一个人从小就没有这种奉献精神和责任的人，将会对社会和国家作出什么贡献？不愿负责的人，将会对社会和国家作出什么贡献，尽到什么责任？做家务看起来是小事，实际上小事里包含着大事，连一点点小事都不肯去做，怎么可能把大事做好呢？

总之，只有端正对做家务的认识，才有可能愿意去做、乐意去做家务。此外，掌握一些做家务的方法，掌握一些生活小窍门，是大有好处的。

❤ 生活要自理

小彭从小学到高中毕业，学习成绩一直名列前茅，每次期末考试之后，他总是问老师："这次谁考了第二名？"因为他知道，自己准是考第一。然而，就是这样一个高智商的优秀生，在生活上是一个低能儿。

从进小学到中学毕业的 12 年来，由于他学习成绩好，深得学校老师们的称赞和父母的厚爱。父母为了让他集中精力读书，成为一个有出息的人，家中什么活儿都不让他干，做饭、洗碗、洗衣服等事，从不让他学着干，甚至连他的床铺也是父母替他收拾的。每次吃饭都是母亲把饭端到他跟前，真可谓饭来张口，衣来伸手。因此，到他十七八岁时，和他同岁的孩子，什么活都能干，也都会干，他却连叠被子、洗碗之类的基本家务活都不会干。

参加高考后，小彭以全县第一名、全省第三名的优异成绩考入了全国重点大学。这一振奋人心的喜讯，给彭家带来前所未有的欢乐，亲戚朋友都投以羡慕的目光，称赞他聪明。同年 8 月，小彭以无比兴奋的心情，跨进了令人向往的大学。然而，开始大学生活没多久，由于他没有起码的生活能力，自己不会买饭，不会洗衣服，不能独立生活，感到十分苦恼。尽管同学们也给了他应有的帮助，但还是解决不了他的实际生活问题。在这种情况下，他只好向校方申请休学。学校根据他入学后的实际情况，批准了他的申请。

第二年开学时，学校给他寄去了复学通知书。但谁也没有料到，接到复学通知书的小彭，居然因惧怕离开父母后自己不能独立生活而悲观厌世，在这种思想驱使下，他纵身从五楼跳了下去，过早结束了自己的生命。

自理，是青少年成人、成才和自身发展的需要，是面向未来的重要素质，也是迈向成熟的第一步。

有一年，根据中国青少年研究中心"中国城市独生子女人格发展状况调查"显示，20.4%的青少年明确表示"缺少生活自理能力"；18.3%的青少年"做事依赖别人"；28%的青少年"很少帮助家长干活"。

试想，温室中的鲜花，能经得住社会、人生风雨的考验和打击吗？

曾有一篇报道说，某机构组织了一次中日小学生联合夏令营，中国学生的自理能力表现得很差。相应的，意志力、抗压力也令人担忧。

2006年6月17日，1600多名北京考生在北京四中参加了香港大学的英语笔试。考前10分钟，不少考生竟然找不到考场，还有不少考生忘带考试证件。负责北京考点的香港大学中国事务处的范冠豪认为，部分考生过于依赖家长和老师，自理能力太差。

对我们青少年朋友而言，将来面对的竞争，绝不仅仅是知识和智能的较量，而是综合能力的较量，没有自理能力，你将在起跑线上满盘皆输。因此，从小培养自己的自理能力，是每个杰出青少年必须具备的素质要求。

在加拿大，青少年朋友为了锻炼自理生存的本领，很多人都有制定严格的时间表的习惯。一位少年曾经自豪地说："我每天早晨很早就要出门送报纸，无论刮风下雨都要去送，从来没有耽误过！"

加拿大的高中生还必须做30个小时的义工，一分钟都不能少。自理的概念并不仅仅要求自己照顾自己，还要自己规划自己，自己锻炼自己。

在德国，青少年从不让家长代替自己做力所能及的事情，否则就被当作一种耻辱。法律还规定，到14岁就要在家里承担一些义务，比如要替全家人擦皮鞋等。

青少年要养成自理的习惯，需要在生活中一点一滴地积累。

1. 在家

帮助父母做力所能及的家务劳动，比如买菜、洗碗，培养自己动手的习惯。

自己的事情自己做，不用父母多操心。上学放学不用父母接送，日常生活自理得当，衣服自己洗，房间和物品自己整理。

学会做饭，饮食是生存自立最基本的要求，掌握烹调的技艺也是自理能力必不可少的环节。

学会处理简单的故障，例如修理自行车、门窗等。但是，在处理电、煤气等易发生危险的作业时，需要父母在旁边指导。

勤俭节约，不乱花钱。

2. 在学校

完成卫生、值日等任务，学习栽树、护花、剪枝等劳动技能。

3. 在社会

趁假期打打工，兼职家教，或参加一些社会服务、实践、夏令营、"野外生存"等活动。

走出温室，打一回工

　　青少年要想理想地生存下去，就得去与人与物竞争，而真正的竞争是在外面的世界，出去体验一下也是一件好事。趁假期打一回工，既可以凭自己的双手挣钱，又能在打工过程中接触社会，体验生活的不易、做人的道理。而且，在学校时，许多学生认为老师和家长都在逼自己学习，从而产生一种逆反心理。当我们在外面找工作时，才会深深地体会到因为没有学历、知识、能力、经验而被别人拒之门外的痛苦，从而有所收获、有所启悟。

　　16岁的少年小杰，家境较为贫困，平时他刻苦学习，生活上省吃俭用。中考结束后，他整天缠着母亲要出去打工两个月，想亲自品味一下挣钱的艰辛。经与他人联系，一家酒店同意接收他作为"暑期工"到酒店端盘子两个月，开出的月工资标准为600元。这既锻炼了他的吃苦耐劳精神，又让他这两个月自己赚钱筹集了下学期的学费。

　　据报道，在台湾，青少年崇尚自立，一半学生在初中毕业后都有打工经历。为不影响学业，暑假更是他们打工的最佳时机。据岛内相关部门调查，高达90%的受访学生表示暑假会打工，76%学生打工目的是赚钱。他们当餐厅服务生、便利店员、搬家工、葬礼乐手、业余理发师……

　　大学生阿青的打工方式是当街头艺人，足迹遍及台湾各地，不仅赚到了钱，还有数不完的笑容。"只要能带给人快乐，就是最好的打工报酬。"阿青说。

　　大二学生阿利同样是靠自己的手艺打工。高中时代便开始自己给自己剪头发的他，由于剪出了兴趣，便以一次100元台币的价格为同学剪头发。阿利说，除了赚外快和练手艺，还可以结交朋友。

　　许多儿童发展专家、教师和家长认为，适量工作对青少年可能是很有价值的，能教他们要有责任感，如何与他人共事，还能为经济拮据的家庭挣些钱。

据国际劳工组织的一项新研究表明，美国青少年打工的人数远远超过大多数其他国家的青少年。研究发现，16～19岁的美国青少年中有53%每周都打工，日本15～19岁的青少年中只有18%打工，德国这一年龄段的青少年打工的占30.8%。

一些专家、老师认为，青少年利用假期打工未尝不可，但要学会自我保护。在选择打工前一定要告知家长，最好让家长与用人方谈好相关事宜。再者，在打工过程中要注意拒绝不良社会风气的诱惑和侵害。青少年处在成长阶段，模仿性强，思想单纯，判断是非黑白的能力有限，保护自己的意识薄弱。加之现在的社会鱼龙混杂，青少年在打工过程中很容易耳闻目染，沾染许多社会不良风气，比如抽烟、酗酒、打架以及上当受骗等。应牢记自己假期打工的目的，时刻注意自己的学生身份。

劳动部门表示，青少年打工一定要"量龄而行"，未成年人是不允许参加招聘招工的。适龄打工学生最好在开始打工前与用工方签订合法的临时用工合同，以保护自身合法权益不受侵害。

青少年朋友打工时应提防以下陷阱：

1. 临时苦工

一些小公司特别是个体建筑承包者看准暑期学生挣钱心切的心理，故意将一些苦、脏、累、险的工作交给他们，又不与他们签订任何合同，一旦发生工伤等情况，打工的学生往往是索赔无门，欲哭无泪。这种打工得不偿失，青少年完全没有必要去冒险。

2. 直销传销

学生本来以销售人员名义来应聘，但到应聘公司后被连哄带骗地先买下一些货品，然后公司让应聘者如法炮制去哄骗他人，并用高回扣做诱饵，一旦上当往往是学生白搭上一笔钱。青少年坚决不能主动掏钱。

3. 口头合同

一些学生被个人或流动服务的公司雇佣，说好以月为单位领取工钱（口头合同不可信），但雇主往往找个借口拖延一下，然后到了发工钱时，就消失得无影无踪，致使打工学生白白辛苦。青少年应提高警惕，与用人单位签订合同。

4. 预交押金

这类骗局通常在招工广告上称有文秘、打印、公关等轻松体面的工作，求职者只需交一定的保证金即可马上上班。但往往是学生交钱以后，招聘单位又推托说目前职位暂时已满，要学生回家听消息，接下来便石沉大海。

5. 高薪诱惑

这类招工通常称招模特儿或是歌星、影星培训班，然后要学生花大价钱照艺术照参加评选，最后再找借口说应聘者条件欠缺而予以拒绝。也有的是以娱乐场所特种行业的高薪来吸引求职者，青少年到这些场所打工，往往容易误入歧途。青少年应抵制诱惑，或及时拿起法律武器。

学会自救自护

面对从天而降的火灾、地震、车祸、溺水等意外事故，青少年朋友，你会如何应付？

据调查显示，当今青少年自救自护能力的缺乏令人担忧。他们对意外事故的反应通常是：所知甚少，错误百出，极少有人说出正确可行的办法。

有这样一个真实的故事：

18 岁的约翰·汤姆森是一位美国高中学生。他住在北达科他州的一个农场。1992 年 1 月 11 日，他独自在父亲的农场里干活。当他在操作机器时，不慎在冰上滑倒了，他的衣袖绊在机器里，两只手臂被机器切断。

汤姆森忍着剧痛跑了 402 米来到一座房子里。他用牙齿打开门闩，爬到了电话机旁边，但是无法拨电话号码。于是，他用嘴咬住一支铅笔，一下一下地拨动，终于要通了他表兄的电话，他表兄马上通知了附近有关部门。

明尼苏达州的一所医院为汤姆进行了断肢再植手术。他住了一个半月的医院，便回到北达科他州自己的家里。如今，他已能微微抬起手臂，并已经回到学校上课了。他的全家和朋友为他感到自豪。他已成为青少年心目中的楷模。

美国人为什么喜欢汤姆森呢？有的说，他聪明，用铅笔打电话，还会用嘴打开门。有的说，他喜欢干活，我们喜欢勤劳的人。还有的说，他身体真棒，一定曾努力锻炼身体，不然早没命了。

一位学者概括了这些人的回答，人们除了佩服他的勇气和忍耐力，还有一种独立精神。他一个人在农场操作机器，出了事又顽强自救，所以他是好样的。

汤姆森的故事里还有这样一个细节：他把断臂伸在浴盆里，为了不让血白白流走。当救护人员赶到时，他被抬上担架。临行前，他冷静地告诉医生：

"不要忘了把我的手带上。"

可见，掌握自救自护知识，锻炼自救自护能力，在灾祸面前保持理智、冷静、果断，对今天的青少年而言，是相当重要的，而且刻不容缓。

下面为青少年朋友介绍一些应对危险、灾难时的自救常识：

1. 火灾

遭遇火灾，应采取正确有效的方法自救逃生，减少人身伤亡损失：

（1）一旦身受火灾威胁，千万不要惊慌失措，要冷静地确定自己所处的位置，根据周围的烟、火光、温度等分析判断火势，不要盲目采取行动。

（2）身处平房的，如果门的周围火势不大，应迅速离开火场。反之，则必须另行选择出口脱身（如从窗口跳出），或者采取保护措施（如用水淋湿衣服、用温湿的棉被包住头部和上身等）以后再离开火场。

（3）身处楼房的，发现火情不要盲目打开门窗，否则有可能引火入室。不要盲目乱跑、更不要跳楼逃生，否则会造成不应有的伤亡。可以躲到居室里或者阳台上。紧闭门窗，隔断火路，等待救援。有条件的，可以不断向门窗上浇水降温，以延缓火势蔓延。

（4）在失火的楼房内，逃生不可使用电梯，应通过防火通道走楼梯脱险。因为失火后电梯竖井往往成为烟火的通道，并且电梯随时可能发生故障。

（5）因火势太猛，必须从楼房内逃生的，可以从二层处跳下，但要选择不坚硬的地面，同时应从楼上先扔下被褥等增加地面的缓冲，然后顺窗滑下，要尽量缩小下落高度，做到双脚先落地。

（6）在有把握的情况下，可以将绳索（也可用床单等撕开连接起来）一头系在窗框上，然后顺绳索滑落到地面。

（7）逃生时，尽量采取保护措施，如用湿毛巾捂住口鼻、用湿衣物包裹身体。

（8）如身上衣物着火，可以迅速脱掉衣物，或者就地滚动，以身体压灭火焰，还可以跳进附近的水池、小河中，将身上的火熄灭。总之要尽量减少身体烧伤面积，减轻烧伤程度。

（9）火灾发生时，常会产生对人体有毒有害的气体，所以要预防烟毒，应尽量选择上风处停留或以湿的毛巾或口罩保护口、鼻及眼睛，避免有毒有害烟气侵害。

2. 地震

强烈的地震，常会造成房屋倒塌、大堤决口、大地陷裂等情况，给人民的生命和财产带来损失。为了在地震发生时保护自己，应当掌握以下应急的求生方法：

（1）如果在平房里，突然发生地震，要迅速钻到床下、桌下，同时用被褥、枕头、脸盆等物护住头部，等地震间隙再尽快离开住房，转移到安全的地方。地震时如果房屋倒塌，应待在床下或桌下不要移动，要等到地震停止再进出室外或等待救援。

（2）如果住在楼房中，发生了地震，不要试图跑出楼外，因为时间来不及。最安全、最有效的办法是，及时躲到两个承重墙之间最小的房间，如厕所、厨房等，也可以躲在桌、柜等家具下面以及房间内侧的墙角，并且注意保护好头部。千万不要去阳台和窗下躲避。

（3）如果正在上课时发生了地震，不要惊慌失措，更不能在教室内乱跑或争抢外出。靠近门的青少年可以迅速跑到门外，中间及后排的青少年可以尽快躲到课桌下，用书包护住头部；靠墙的青少年要紧靠墙根，双手护住头部。

（4）如果已经离开房间，千万不要地震一停就立即回屋取东西。因为第一次地震后，接着会发生余震，余震对人的威胁更大。

（5）如果在公共场所发生地震，不能惊慌乱跑。可以随机应变躲到就近比较安全的地方，如桌柜下、舞台下、水池里。

（6）如果正在街上，绝对不能跑进建筑物中避险，也不要在高楼下、广告牌下、狭窄的胡同、桥头等危险地方停留。

（7）如果地震后被埋在建筑物中，应先设法清除压在腹部以上的物体；用毛巾、衣服捂住口鼻，防止烟尘窒息；要注意保存体力、设法找到食品和水，创造生存条件，等待救援。

3. 溺水

溺水对生命最大的威胁是水能堵住人的呼吸道，造成窒息缺氧死亡。溺水往往具有发生突然、危险进程快的特点，一般情况下4~6分钟就可能因呼吸和心跳停止而死亡。所以做好预防和抢救工作有重要意义。

不慎落水或在水中发生意外后的自救方法：

（1）保持镇静，采取仰面位，即在水中头向后仰，口鼻向上并尽力露出水面。

（2）呼吸要注意做到呼气浅而吸气深，并防止发生呛水。

（3）不要向上伸手臂进行挣扎，否则只能使人加速下沉。

（4）因腿抽筋不能游动导致下沉时，应及时呼救；如附近无人，应保持镇静，设法向浅水或岸边靠近。

4. 车祸

车祸中，易造成各种伤害，如各类骨折、骨裂、脑外伤、内脏器官损伤等。

发生车祸即刻拨打救援电话"122""120"。

（1）伤者若出血，可以把身上的衣服撕成布片，对出血的伤口进行局部加压止血。在大量出血时最好能用毛巾或其他替代品暂时包扎，以免失血过多。

（2）骨折受伤时不要贸然移动身体，不要乱动或错误包扎，确实需要搬动时，一定要确定伤肢不会发生相对移动。找木板或较直、较粗的树枝，用3根固定带将2~3块木板在伤肢的上、中、下3个部位横向绑扎结实。

（3）发生颈部损伤时不可随意挪动，否则很有可能形成永久性的伤害甚至瘫痪。

（4）头部发生创伤时要将身体平放，头稍垫高。

（5）腹部损伤时应把内脏尽量在原来的部位拿一个容器扣在腹壁上，不要把内脏放入腹腔内，以免造成腹腔感染。

（6）一旦发生车祸，伤者千万不可惊慌失措，因为急躁会增加出血量，增加人体耗氧量，反而加重伤情。

第二章

随时保持学习的状态

每天阅读 30 分钟

借助书籍，青少年朋友可以从中找出适合自己的成功之路来，因为它是知识的重要载体。

俄国著名的学者赫尔岑说过："书是和人类一起成长起来的，一切震撼智慧的学说，一切打动心灵的热情都在书里结晶形成；书本中记述了人类生活宏大规模的自由，记述了叫作世界史的宏伟自传。"

书籍蕴含着千百年来人类的智慧与理性，正因为其中的人性之处，才使得一些书所以伟大，所以粲然有光。书籍是一种工具，它能在黑暗的日子鼓励你，使你大胆地走入一个别开生面的境界，使你适应这种境界的需要。

金圣叹说过"天下才子必读书"。读书，是你事业的必由之路，是你走向成功的钥匙。

我们可以发现，有很大一部分成功人士并不一定能受到良好的教育，因为许多人常身处困境。他们之所以能成功，除了有远大的志向、坚强的性格和家庭的影响外，往往在于他们不满足于一时的成功，不安逸于一时的所得，而是时时将心态归零，努力拼搏，不断补充新的知识。

毛泽东说："我一生最大的爱好是读书。"他的一生是革命战斗的一生，同时也是笃志好学、博览群书的一生。

毛泽东常说："读书治学没有什么捷径和不费力的窍门，就是一要珍惜时间，二要勤奋刻苦。饭可以一日不吃，觉可以一日不睡，书不可以一日不读。"毛泽东从少年起，就勤奋好学，酷爱读书，有浓厚的读书兴趣，而且他的读书欲望随着年龄的增长而越来越强烈。

在硝烟纷飞的战场，在困难万端的长征途中，他也没有停止过读书。即使在患病的时候，他还躺在担架上读书。

在社会主义革命和建设时期，毛泽东身负党和国家的重任，日理万机，工作十分繁忙，但他仍利用饭前饭后、节假日、旅途中的间隙，甚至上厕所的片刻时间读书。

在患白内障之后，他的视力极弱，只能用放大镜一点点看书，或由工作人员读给他听。1975 年，眼睛做手术后，视力有所恢复，他又开始了大量的读书活动，有时竟然一天读上十几个小时，甚至躺在床上量血压时，仍是手不释卷，真是读书成癖。

美国第26 任总统罗斯福，虽然他在白宫日理万机，但他仍然会挤出时间来阅读那成百上千册的书籍。他规定在某一天的整个下午接见来访的人，每位来访者的时间限制在 5 分钟之内。就在那些接见对象交替的短短的几秒钟内，他都会抓紧时间阅读放在手边的一本书。

他曾说："我们必须让我们的青年人养成一种阅读好学的习惯，这种习惯是一种宝物，值得双手捧着，看着它，别把它丢掉。"

李嘉诚虽然年岁渐老，但依然精神矍铄，每天要到办公室中工作，从来不曾有半点懈怠。据李嘉诚身边的工作人员称，他对自己业务的每一项细节都非常熟悉，这和他几十年养成的良好的生活工作习惯密切相关。

李嘉诚晚上睡觉前一定要看半小时的书，了解前沿思想理论和科学技术，据他自己称，除了小说，文、史、哲、科技、经济方面的书他都读，每天都要学一点东西。这是他几十年保持下来的一个习惯。他回忆说："年轻时我表面谦虚，其实内心很'骄傲'。为什么骄傲？因为当同事们去玩的时候，我在求学问，他们每天保持原状，而我自己的学问日渐增长，可以说是自己一生中最为重要的。现在仅有的一点学问，都是父母去世后，几年相对清闲的时间内每天都坚持学一点东西得来的。因为当时公司的事情比较少，其他同事都爱聚在一起打麻将，我则是捧着一本《辞海》、一本老师用的课本自修起来。书看完了卖掉再买新书。每天都坚持学一点东西。"

青少年朋友，如果你每天阅读 30 分钟，你一周可以读半本书，一个月读两本书，一年读大约 20 本书，一生读 1000 本或超过 1000 本书。这是一个简单易行的博览群书的办法。

书海无涯，有的书泛读即可，有的书则需要深读。凡是时尚而肤浅的书籍不可深读，更不可多读。凡是伟大而隽永的作品必须多读、深读、精读，还要养成做笔记的习惯，以便随时查阅。

也许你会说："每天有那么多功课要复习，哪里有时间阅读呢?"其实，只要你做好学习安排，每天还是有很多可以利用的时间的。给你一个建议：把要阅读的好书随时带在身边，每天找出30分钟，最好是每天的固定时间，一旦开始阅读，这30分钟里的每一秒都不应该浪费。这样一段时间以后，你会惊奇地发现，不知不觉中，已经阅读了许多好书。

青少年朋友，当喧闹和繁杂把你柔软的心房揉搓得倍感疲惫和麻木时，希望你会如上所说那样去好书中寻找心灵的栖息地。

每天阅读30分钟好书，会让你走进缤纷的思想丛林，感觉到异香弥漫，感悟到人生真理，让你缺钙的思想变得坚强!

南宋文学家尤袤曾说："饥读之以当肉，寒读之以当裘，孤寂而读之以当朋友，幽忧而读之以当金石琴瑟。"腹有诗书气自华，滋润灵魂的精神食粮，永远不嫌多。

寻找零碎时间

生活中，许多青少年朋友时常抱怨"时间紧张""太忙了，没时间干这个"。其实，生活中有很多零散的时间是大可利用的，如果你能化零为整，那你的工作和生活将会更加轻松。

三国时期的董遇是个很有学问的人，前去找他求学的人很多，但他要求首先要"书读百遍，其义自见"，当求学者抱怨说"没有时间"时，他则回答说："当以'三余'，即'冬者岁之余，夜者日之余，阴雨者晴之余'也。"这"三余"的利用，正是零碎时间的聚积。能以小积大，这是时间的独特之处。鲁迅先生说过："时间就像海绵里的水，只要愿挤，总还是有的。"

宋朝名人钱惟演，生长于富贵之家，后来又做了大官，除了读书什么嗜好也没有。他曾经对下属说："平生唯好读书，坐则读经史，卧则读小说，上厕则读小辞，盖未尝顷刻释卷也。"读书手不释卷，是个好习惯，很值得学习。

所谓零散时间，是指不构成连续的时间或一个事务与另一事务衔接时的空余时间。这样的时间往往被人们毫不在乎地忽略过去。零碎时间虽短，但日复一日地积累起来，其总和将是相当可观的。凡在事业上有所成就的人，几乎都是能有效地利用零碎时间的人。

生物学家达尔文说过："我从来不认为半小时是微不足道的一段时间。"诺贝尔奖金获得者雷曼的体会更加深刻，他说："每天不浪费或不虚度或不空抛剩余的那一点时间。即使只有五六分钟，如果利用起来，也一样可以产生很大的价值。"把时间积零为整、精心使用，这正是古今中外许多杰出者取得辉煌成就的妙招之一。

英国文学史上著名女作家艾米莉·勃朗特在年轻的时候，除了写小说，还要承担全家繁重的家务劳动，例如，烤面包、做菜、洗衣服等。她在厨房劳动的时候，每次都随身携带铅笔和纸张，一有空隙，就立刻把脑子里涌现出来的思想写下来，然后继续做饭。

著名美国作家杰克·伦敦的房间，有一种独一无二的装饰品，那就是窗帘上、衣架上、柜橱上、床头上、镜子上、墙上……到处贴满了各色各样的小纸条。杰克·伦敦非常偏爱这些纸条，几乎和它们形影不离。这些小纸条上面写满各种各样的文字：有美妙的词汇，有生动的比喻，有五花八门的资料。

杰克·伦敦从来都不愿让时间白白地从他眼皮底下溜过去。睡觉前，他默念着贴在床头的小纸条；第二天早晨一觉醒来，他一边穿衣，一边读着墙上的小纸条；刮脸时，镜子上的小纸条为他提供了方便；在踱步、休息时，他可以到处找到启动创作灵感的语汇和资料。不仅在家里是这样，外出的时候，杰克·伦敦也不轻易放过闲暇的一分一秒。出门时，他早已把小纸条装在衣袋里，随时都可以掏出来看一看，想一想。

有人算过这样一笔账：如果每天临睡前挤出 15 分钟看书，假如一个中等水平的读者读一本一般性的书，每分钟能读 300 字，15 分钟就能读 4500 字。一个月是 126000 字，一年的阅读量可以达到 1512000字。而书籍的篇幅从 60000 字到 100000 字不等，平均起来大约 75000字。每天读 15 分钟，一年就可以读 20 本书，这个数目是可观的，远远超过了世界上人均年阅读量。

青少年朋友如何寻找、利用好零碎时间呢？

（1）适当地一心二用。比如，上下班的路上、散步、做饭时可以考虑一些问题。

（2）充分利用等待时间。等人、等车、排队等，耗费了不少时间，其实可以抓紧学习一会儿，看一会儿书报。

（3）随身带着笔、本、书报，有了新构思、新想法，马上就记录下来。

（4）每天临睡前挤出 15～30 分钟的时间学习。

多去书店和图书馆

青少年朋友，无论你身在校园还是正投身社会，多去书店、图书馆，为自己充电，将让你受益一生。

钱钟书先生就是一个绝佳的例子。

考入清华后，他的第一个志愿是"横扫清华图书馆"。他终日泡在图书馆内，博览中西新旧书籍。

他的同学许振德在《水木清华四十年》中回忆钱钟书"图书馆借书之多，课外用功之勤，恐亦乏其匹"。据说，现清华图书馆藏书中画黑线、加评语的部分，多半出于他的手笔。钱钟书28岁破格聘为外文系教授，这在清华园也是绝无仅有的。

1935年夏，钱钟书到英国牛津大学学习。这里拥有世界著名的专家、学者，尤其是该校拥有世界第一流的图书馆——牛津博德利图书馆，它不仅有规模庞大的中心图书馆，而且在其周围建有几十个专题图书馆。钱钟书在知识的海洋中畅游，尽情阅读文学、哲学、史学、心理学等各方面的书籍，他还阅读了大量的西方现代小说。由于钱钟书的知识面极宽，"牛津大学东方哲学、宗教、艺术丛书"组委会曾聘他为特约编辑。

1979年，钱钟书的辉煌巨著《管锥编》出版，极大地震动了学术界。《围城》《谈艺录》《七缀集》，更使钱钟书的名字大放光彩。法国著名作家西蒙·莱斯曾说："如果把诺贝尔文学奖授予中国作家的话，只有钱钟书才能当之无愧。"还有一位外国记者说："来到中国，我只有两个愿望：一是看看万里长城；二是见见钱钟书。"

可见，用好可利用的资源，对一个人的事业将产生多大的影响！

据有关资料表明：人类的知识量是以几何级数增长的。如1750年知识量为之前人类历史的知识总量的2倍，1900年增加到4倍，1950

年增加到 8 倍，1960 年增加到 16 倍。这也就是说由 2 倍增加到 4 倍用了 150 年，由 4 倍增加到 8 倍用了 50 年，由 8 倍增加到 16 倍只用了 10 年。从书刊数量的增长来看，速度同样惊人。

有人估计：目前世界上有 3000 万种名称不同的书，每年增加约 20 万种图书。

知识爆炸的结果便是每个人要学习的东西急剧增多，知识量的急剧增长要求这个时代必定是一个学习的时代，必定会形成一个"学习化"的社会。据估计，在目前的发达国家，一个人进入社会之后，平均要换 4~5 种工作，这说明，个人都必须进行一次或几次的知识更新和补充，以便更好地胜任社会新角色。仅仅依靠学校所学得的知识已不能在社会上立足。

有人作出这样的结论：按一个人工作 45 年计算，他的知识大约只有 20% 是在学校获得的，而其余的 80% 是一生的其他时间获得的。因而，学习化社会中的人们必须重新学习、终身学习。"活到老，学到老"不再是少数人的美德，而是社会对每个成员的普遍要求。

青少年在书店或图书馆时，应注意以下几点：

带着目的去找书，提高效率。

遇到精彩部分，可简略地摘抄下来。

在书店中，可参考上榜、推荐图书。

在书店、图书馆看书或查找资料，要保持室内安静，不要大声说话或在座位上交谈，以免影响他人，打断思考者的思路。

要遵守阅览规则，不要利用图书馆安静、舒适的条件在那里谈情说爱。

学校和公共图书馆的综合阅览室里读者较多，早来的人不应该给晚来或有可能不来的人占座位。即使阅览室内人很少，也不能利用空座位躺卧休息。

图书是历史的档案，知识的载体，毁坏图书的不道德行为一向受到人们的强烈谴责。一旦发生这种事情，轻者被批评教育，重则加倍赔偿。如果是珍贵书刊字画，还要依法从严处理。

参观各类博物馆

青少年朋友，你平时爱去博物馆吗？

静静地仔细欣赏一件沉睡千年的青铜器，一件釉质洁白的瓷器，或是一件雕琢精美的玉器，让思绪连接天地、神游古今，是一件多么有趣、有益的事情。

博物馆中展出的实物适合我们具体形象的思维特点，有助于我们在具体实物和抽象概念之间建立联系。比如，参观天文博物馆，可以通过使用天文望远镜来观察星空，看到无数用肉眼根本无法捕捉的星星，也就能够更好地理解宇宙、星系等概念了。

展品都经过专家鉴定、分类和说明，比如，矿石、动物种系或是美术作品都是分类展出的。参观这样的展览，不但能够为我们提供比较完整、系统和准确的知识内容，更有助于我们通过比较，来建立更高水平的知识结构，使思维更加灵活。

参观博物馆还可以激发灵感，培养专业兴趣。经常参观各种各样的博物馆就像是打开了无数知识的窗口，使我们的眼界开阔，思维活跃，兴趣广泛，成功的机会也就更多了。

我们参观真景实物，看真实的文字介绍，就会通过这些耳濡目染而受到启示，会自觉不自觉地跟着学习历史、科学文化知识，在心中立下创造伟业的决心和理想。

可见，博物馆能将我们带进一种极有益的环境之中。

青少年朋友很容易深切感受到环境影响给自己及周围带来的变化，而且大都非常欢迎和支持学校开展这项教育。许多学校都收到众多学生的来信，信中说：早就该恢复中国文化的本来面貌了，让我们学习优秀的历史文化意义深远，能培养出新一代合格人才，让中华传统美德千秋万代发扬光大。

所以，我们不妨主动多参观一些博物馆。

当我们走到"神舟"五号的模型前时，我们可以停下脚步来提出并思考一些问题：

"它是利用什么上天的？""它是怎样创造的？""我们长大能制造吗？"在我们的学习和成长中，思考、钻研有着十分重要的作用。

青少年朋友，下面的建议可以使你在参观博物馆时受益匪浅。

在参观博物馆前，可以找一些有关其中展品的介绍看一看，如博物馆发的小册子之类的。即使参观外国博物馆，你也可以从旅行社那里得到有关的介绍。图书馆也有许多介绍博物馆方面的书籍。

穿上舒适的衣服和鞋子。不要穿得太随意。

如果想录像或拍照，一定要先经过馆方的同意。拍照尽量不用闪光灯。

如果参观前找不到有关的介绍，你可以问一下工作人员这座博物馆有什么著名的地方。你可以这样问："如果我只想看5件东西，那我应该看什么呢？"

许多博物馆都会给你一些宣传单，上面会突出某种主题。这或许对你有用。

带上纸笔，记下感兴趣的东西。

不要随意触摸展品。

注意看一下橱窗里的细节，这样才能更好地欣赏。

注意一下博物馆建筑本身，这通常也是一件艺术品。

有时，专家、讲解员会讲解展出物品的历史来由，心不在焉、离队自行参观，不珍惜增长知识的机会，是不礼貌的行为。听完讲解应报以热烈掌声。

要放松，尽情享受其中的乐趣。

懂得学以致用

中国有句谚语："学了知识不运用，如同耕地不播种。"有了知识，并不等于有了与之相应的能力，运用与知识之间还有一个转化过程，即学以致用的过程。

如果你有很多的知识却不知如何应用，那么你拥有的知识就只是死的知识。死的知识不能解决实际问题。

因此，青少年朋友在学习知识时，不但要让自己成为知识的仓库，还要让自己成为知识的熔炉，把所学知识在熔炉中消化、吸收。

我们应结合所学的知识，参与学以致用的活动，提高自己运用知识和活化知识的能力，使我们的学习过程转变为提高能力、增长见识、创造价值的过程。

我们还应加强知识的学习和能力的培养，并把两者的关系调整到黄金位置，使知识与能力能够相得益彰、相互促进，发挥出巨大的潜力和作用。

近代化学家、兵工学家、翻译家徐寿与华蘅芳研制"黄鹄"号，是学以致用的范例。徐寿在做这项工作时，并非贸然行事，而是采取了十分慎重的循序渐进的科学态度。他首先试制了一个船用蒸汽机模型，成功后又试制了一艘小型木质轮船。在此基础上，为精益求精，继续研究改进，最后成功制造了我国造船史上的第一艘实用性蒸汽轮船。取得了成熟的经验后，徐寿又主持研制了"惠吉""操江""测海""澄庆""驭远"等多艘轮船，为我国近代早期的造船业作出了巨大贡献。

作为北京大学、南开大学等多所名校荣誉学位获得者及牛津大学荣誉院士，金庸认为，一个真正优秀的学者，要关怀社会和人民，要学以致用。

他曾说："学者应该解决人民需要解决的问题，应该对社会有贡献，应该有入世的精神。"

"比如，对王安石变法研究的意义，远远超出考证哪个皇帝皇后的生卒年月。"

"我研究历史，也研究社会学。做学问一定要学以致用，这样的学问对社会才有贡献，才有意义。"

可见，青少年朋友不可一味死读书，读死书。

如果一个人完完全全将书本中的知识应用到理论与实际当中去，那么就会受到一些条条框框的束缚，这样很难有新的创造。

在历史上或者文学作品中有很多食古不化、奉行教条而失败的例子。《三国演义》里的马谡，自称"自幼熟读兵书，颇知兵法"，但在街亭之战中，只背得"凭高视下，势如破竹""置之死地而后生"几句教条，而不听王平的再三相劝以及诸葛亮的叮咛告诫，将军营安扎在一个前无屏蔽、后无退路的山头之上，最后落得一个兵败地失、狼狈而逃、斩首示众的下场。

所以，想获得成功就一定要学以致用，否则生搬硬套书本上的知识，必然会给你所从事的事业带来损失。

19世纪末，制造飞机的热潮在全世界范围内一浪高过一浪。但一些知识丰富的大科学家纷纷表态，发表自己的看法和见解，抵制飞机的制造。比如，法国著名天文学家勒让认为，要制造一种比空气重的机械装置到天上去飞行是根本不可能的；德国大发明家西门子也发表了相似的见解；能量守恒定律的发现者、著名的物理学家赫尔姆霍茨又从物理学的角度，论证了机械装置是不可能飞上天的结论；美国天文学家做了大量计算，证明飞机根本不可能离开地面。但是，令人想不到的是，1903年，连大学校门都没进过的美国人莱特兄弟凭着勇于创新的精神，将飞机送上了天，为人类作出巨大贡献。

"尽信书，不如无书"；会学，更要会用。学习的知识只有有效地运用到生活和实践中去，才会发挥其效用，否则就是一些死的没有用的东西。

第斯泰维克说："学问不在知识的多少，而在于充分地理解和熟练地运用你所知道的一切。"

所以，在日常生活和工作中，我们应该把在学校里、在社会上所学到的全部知识都淋漓尽致地发挥出来。比如，一辆汽车冲入了泥坑不能上来，一个人用尽力气推了半天，车还是没有上来。而另一个人把几个滑轮挂在旁边的树上，又把几个挂在车上，然后用坚韧的绳子串起来，不用很大的力气就把车拉了上来，这个人显然是运用了物理学中省力做功的原理。

生活中，青少年朋友如何学以致用呢?

（1）将你的学习内容与目前和今后的生活、工作加以对比，以便清楚自己需要学习什么知识才能提高能力、学习什么知识才有利于全面发展。

（2）对于已经学习过的知识，可以用实际操作的方式加以验证。比如，学了物理电学后，可以去安装电灯、安装或维修半导体或电子管收音机；依据压力的定义，通过实际操作去测定某一重物对支持物所产生的压力；等等。

（3）把所学得的知识应用到社会实践中，综合地利用各门学科的知识。例如，学过化学后，参加化工厂的实际操作；或者运用物理学的力学原理去进行某种工具的改良；等等。

第三章

发掘无限的思维潜能

常问几个"为什么"

爱因斯坦曾说:"提出问题比解决问题更重要。"常问几个"为什么",对青少年一生的事业都将有所裨益。

据说,美国华盛顿广场有名的杰弗逊纪念大厦,因年深日久,墙面出现裂纹。为能保护好这幢大厦,有关专家曾进行了专门研讨。

最初,大家认为损害建筑物表面的元凶是侵蚀的酸雨。专家们进一步研究,却发现对墙体侵蚀最直接的原因,是每天冲洗墙壁所含的清洁剂对建筑物有酸蚀作用。而每天为什么要冲洗墙壁呢?是因为墙壁上每天都有大量的鸟粪。为什么会有那么多鸟粪呢?因为大厦周围聚集了很多燕子。为什么会有那么多燕子呢?因为墙上有很多燕子爱吃的蜘蛛。为什么会有那么多蜘蛛呢?因为大厦四周有蜘蛛喜欢吃的飞虫。为什么有这么多飞虫呢?因为飞虫在这里繁殖特别快。而飞虫在这里繁殖特别快的原因,是这里的尘埃最适宜飞虫繁殖。为什么这里最适宜飞虫繁殖呢?因为开着的窗阳光充足,大量飞虫聚集在此,超常繁殖……

结果,办法很简单,只要关上整幢大厦的窗户。此前专家们设计的一套套复杂而又详尽的维护方案也就成了一纸空文。

可见,逐步发问,探究其缘由,最终会找到一个最简单也最行之有效的方法。

世界著名的日本本田汽车公司,曾经使用过提问创造性思维法来找出问题的最终原因,从而使问题得到根本的解决。

有一天,丰田汽车公司的一台生产配件的机器在生产期间突然停了。管理者就立即把大家召集起来,进行一系列的提问来解决这个问题。

问:机器为什么不转动了?

答：因为熔断丝断了。

问：熔断丝为什么会断？

答：因为超负荷而造成电流太大。

问：为什么会超负荷？

答：因为轴承枯涩不够润滑。

问：为什么轴承不够润滑？

答：因为油泵吸不上来润滑油。

问：为什么油泵吸不上来油？

答：因为油泵产生了严重的磨损。

问：为什么油泵会产生严重磨损？

答：因为油泵未装过滤器而使铁屑混入。

在上面的提问中，主管用"为什么"进行提问，连续用了 6 个"为什么"使问题得到根本解决。当然，实际问题的解决过程中并不会像上面叙述的那么顺利，但主要的思路是这样的。

在解决问题时，要多问几个为什么，做到"追根问底"，这样才能使问题得到根本的解决，尽可能地消除可能的隐患。

青少年想有所成就，就必须尽可能多地涉猎各方面的知识，取得多样的经验，拓宽自己的视野。在广泛猎获渊博知识的基础上，还要不时地梳理、归纳，形成合理的认知结构，建立知识间的各种联系。这就需要在思考问题时，更快更好地提出问题。

多问"为什么"是丰富自己知识，完善自己的知识结构的基础，也是引导我们从新的角度对问题进行全面思考的方法，因此培养自己大胆提问并努力寻找答案的能力对创新来说是非常重要的。

青少年问"为什么"时，可参照如下两点：

（1）我国教育学家陶行知先生在一首诗中这样说："我有几位好朋友，曾把万事指导我。你若想问其姓名，名字不同都姓何：何事，何故，何人，何如，何时，何地，何去，好像弟弟和哥哥。还有一个西洋派，姓名颠倒叫几何。若向八贤常请教，虽是笨人不会错。"青少年朋友不妨一试。

（2）5W2H 法。5W2H 法由美国陆军兵器修理部首创，诞生于第二次世界大战中，由于应用方便，易于理解、使用，富有启发意义，曾被广泛用于各项工作中，对于决策和执行性的活动措施也非常有帮助，也有助于弥补考虑问题的疏漏。

①WHY——为什么？为什么要这么做？

②WHAT——是什么？目的是什么？

③WHERE——何处？在哪里做？从哪里入手？

④WHEN——何时？什么时间完成？什么时机最适宜？

⑤WHO——谁？由谁来承担？谁来完成？

⑥HOW——怎样做？怎么做？如何实施？方法怎样？

⑦HOW MUCH——多少？做到什么程度？数量如何？质量水平如何？

这七问概括得比较全面，实际把要做的事情可能遇到的问题都包括进去了。

挣脱思维定式的束缚

思维定式，简单来说，就是把对待事物的观点、分析、判断都纳入了程序化、格式化的套路，对具体问题的分析判断僵化、机械，从而失去了它的灵活性。

生活中，由于长期的知识、经验积累，思维定式有其积极意义。但一味地听之信之，人们将陷入困境。

天津"狗不理"包子久负盛名，在北方几乎是家喻户晓。但是，当它的分店开到深圳时大受冷遇。商家尽管不断加大宣传力度，多方开展促销活动，始终只能热闹一阵，难以吸引众人持续钟情于它。经营者面对尴尬的局面，深入街区调查，发现不是包子质量不好，也不是口味不好，而是深圳人对"狗不理"的名称太敏感了，心理上接受不了。经营者思之再三，忍痛摘下"狗不理"的牌子，换上"喜相逢"的匾额。此后，店里一改往日的冷清，门庭若市，效益也节节攀高，势不可当。

企业是这样，人、国家、世界也同样，不同的地区有不同的文化、观念和理念，习惯没有固定模式，需要我们因人而异、因地制宜，及时地改变自己的一些处世方式去适应环境。

第二次世界大战时期，盟军曾利用法西斯的思维定式，诱其进入陷阱。

1943 年，第二次世界大战进入白热化的程度。为了更有效地打击法西斯势力，同盟军决定给希特勒设个圈套。

实施这一计划的是盟军之中的英国方面。他们为了让阿道夫·希特勒彻底相信，盟军进攻的重点是萨迪尼亚和希腊的伯罗奔尼撒，而不是西西里，他们决定在海上漂浮一具尸体，在其口袋内装入与进攻计划有关的内容。

他们把实施这一计划的地点确立在西班牙海岸，因为那里的德国人活动频繁。如果一切进展顺利的话，尸体就会被德国人发现，那么假情报也就会使他们受骗上当。

英国人根据人们的思维定式，把所有的细枝末节都策划得天衣无缝，连尸体都真的像经历一场空难而掉进海里的一样。

经过仔细搜寻，他们终于找到了一具再合适不过的尸体，是名死于肺炎又暴尸荒野的男性，他们给他取名为威廉姆·马丁少校。

策划者们在尸体的口袋里装入的东西有戏票的票据、银行开出的一张透支通知单、几封未婚妻的情书，当然还有绝密的进攻计划。

在一个风平浪静的日子里，他们悄悄地将"马丁少校"送入了大海……

德军果然中计。几个月后，盟军在西西里登陆，发现敌人的兵力分散到了别处，从而轻而易举地赢得了成功。

可见，以旧思想、旧头脑去看待问题，容易误入歧途。

为青少年提供以下一组摆脱思维定式的训练题。它的真正意义在于促使我们探索事物存在、运动、发展、联系的各种可能性，从而摆脱思维的单一性、僵硬性和习惯性，以免陷入某种固定不变的思维框架。

（1）广场上有一匹马，马头朝东站立着，后来又向左转了270°。请问，这时它的尾巴指向哪个方向？

（2）天花板下悬挂两根相距5米的长绳，在旁边的桌子上有些小纸条和一把剪刀。你能站在两绳之间不动，伸开双臂双手各拉住一根绳子吗？

（3）玻璃瓶里装着橘子水，瓶口塞着软木塞。既不准打碎瓶子、弄碎软木塞，又不准拔出软木塞，怎样才能喝到瓶里的橘子水？

（4）钉子上挂着一只系在绳子上的玻璃杯，你能既剪断绳子又不使杯子落地吗（剪时，手只能碰剪刀）？

（5）有10只玻璃杯排成一行，左边5只内装有汽水，右边5只是空杯。现规定只能动2只杯子，使这排杯子变成实杯与空杯相交替排列。如何移动2只杯子？

（6）有一棵树，树下面有一头牛被一根 2 米长的绳子牢牢地拴着鼻子，牛的主人把饲料放在离树恰好 5 米之处就走开了。这牛很快就将饲料吃了个精光。牛是怎么吃到饲料的？

（7）一只网球，使它滚一小段距离后完全停止，然后自动反过来朝相反方向运动。既不允许将网球反弹回来，又不允许用任何东西打击它，更不允许用任何东西把球系住。怎么办？

参考答案：

（1）向下。

（2）将剪刀系在一根绳子下，荡向另一根绳子。

（3）将软木塞压入瓶中。

（4）杯子原本就挂在钉子上。

（5）将左二、左四杯中的汽水倒入右二、右四的杯中。

（6）绳子并未拴在树上。

（7）将球向上抛。

青少年朋友，你按常规思路得到答案了吗？

思维定式会冻结你的心灵，阻碍你的进步，干扰你的创造能力。以下是对抗它的方法。

要乐于接受各种创意。要摒弃"不可行""办不到""没有用""那很愚蠢"等思想渣滓。就要主动前进，而不是被动后退。

突破常规不仅要求打破传统思维，建立理性的思维，还要求青少年敢于幻想。

多假设一些以前不敢想的疯狂念头，并把它们相互比较，就可能找到一些奇妙的联系。

当你遇到一件事情时，要尽可能多地想出解决办法，并要经常进行这样的自我训练，熟练之后，再遇到事情时，就要从 3 种办法想起，然后是 4 种办法、5 种办法……久而久之，你的思维模式就会发生改变。

有时不妨跟"门外汉"聊一聊，也许能帮你从新的角度去设想，从而使你的思路更开阔，使你能从另一个角度重新审视所思考的问题。

反转一下大脑

青少年朋友，遇到难题时，你会反转自己的大脑吗？

有一次，两个美国人和两个犹太人搭火车旅行。

美国人很单纯，每人买了一张票；而犹太人精打细算，两个人只买了一张票。美国人见到这种情形，就问犹太人："你们只有一张票，那等列车长来查票，你们怎么办？"

犹太人神秘地笑而不答，上了火车不久，便传来列车长查票的声音，只见两个犹太人立刻挤进一间厕所内。

列车长查票，来到他们的车厢，敲了敲厕所的门，说："车票看一下！"

门开了一条缝，一只手拿着一张票伸出来。列车长再怎么样也想不到，一间厕所内，竟会躲着两个人，他看过了票，道："嗯，好了，谢谢！"又把票从门缝中塞了回去。

到了目的地，他们四人玩得很尽兴。踏上归途买票时，两个美国人心想：早上来时，犹太人的方法真不错。于是他们几经讨论后，决定也买一张票。轮到犹太人时，只见他们摇摇手，说这次就不买票了。

上了火车，两个美国人非常期待，不知道犹太人又有什么好方法，说时迟那时快，列车长又来查票了。

两个美国人顾不得观看犹太人的新招式，就赶紧钻进了厕所。

"砰、砰"两声，犹太人敲了敲厕所的门，门应声而开，一只手拿着一张票，从门缝中伸出来。

犹太人说："嗯，谢谢……"

两个犹太人拿了票，立刻往前一节车厢的厕所奔去。

这个有趣的故事告诉我们：适当运用逆向思维，将会获取出其不意的效果。盲目跟随别人、照搬旧有经验，会束缚手脚和大脑，轻易地败给别人，败给自己。

逆向思维，指不同于习惯和常规的思维，即思考和解决一个问题不是从习惯的正面入手，而是"倒过来想""反其道而行之"，或从某个侧面切入，从而找到新视角、新突破口。对于这种方式，人们已经不陌生了，一旦遇到具体的实际问题，人们还是习惯用常规思维，很多本来可以解决的问题，也就被人们看成无法做到、难以解决的问题了。

按照古代寓言中的记载，谁能解开奇异的高尔丁死结，谁就注定成为亚洲王。

所有试图解开这个复杂怪结的人都失败了，后来轮到亚历山大来试一试。他想尽办法要找到这个结的线头，结果还是一筹莫展。后来他说："我要建立我自己的解结规则。"他拔出剑来将结劈为两半。他成为亚洲王。

每一种文化、行业和机构都有自己看世界的方式。新的观念、好的主意常常来自拦腰截断那些习惯而成的思维疆界，把目光投向新的领域。正如一位名人所说："任何人都能在商店里看时装，在博物馆里看历史。但是具有创造性的开拓者在五金店里看历史，在飞机场上看时装。"

世间万事万物都是相互联系的，人们掌握的知识也是多门类多学科的，因此，面对一个思维对象，不能，更不必仅仅局限于传统习惯，不能更不必死守一个点。学会反转一下大脑，你的未来之路将越走越开阔。

青少年在反转大脑、标新立异时，可借鉴以下几点：

（1）鼓励自己怀疑、反驳、否定前人包括自己在内的理论和既定的做法；鼓励自己向专家、学者以及自己提出挑战；鼓励自己敢于突破旧框框，超越一般人。

（2）勇敢地发表自己的见解，在科学和真理面前，相信科学，服从真理，与老师与前辈建立民主、平等的学术或工作关系。

（3）要大胆地走自己的路，只要认准了，不管别人怎么说，如何嘲笑，都应义无反顾地向前走，去夺取最终成功，而不能半途而废。

展开想象的翅膀

对于青少年朋友的丰富想象力，有人说它脱离实际、毫无价值。其实，这是一种片面的理解。人类离不开想象，它对现实生活有着推动和促进的作用，对科技的发展、文艺的繁荣、社会的进步有着功不可没的价值。

1861 年，素有"科幻小说之父"之称的美国著名作家凡尔纳，曾在一部小说里描绘了以下想象：美国的佛罗里达州将设立一个火箭发射站，火箭从这里发射，飞往人们心仪已久的月球，他还具体描述了飞行员在宇宙飞船中失重的情景。

令人感到不可思议的是，刚好过了 100 年，到 1961 年，美国真的在佛罗里达州发射了人类第一艘载人宇宙飞船。而且，宇航员在太空的许多失重情景，竟和凡尔纳在想象中描写的差不多。

不仅如此，直升机、雷达、导弹、坦克、电视机等，也都在凡尔纳的小说中有了雏形。

第二次世界大战初期，德国人制造的潜水艇，与凡尔纳小说中描绘的相差无几。

第一个把宇宙火箭送上天空的俄国科学家齐奥尔科夫斯基，也是从凡尔纳的小说《从地球到月球》里得到启示的。

可见，想象能打破传统的束缚，创造出辉煌的成就。

罗特是一家制瓶厂的设计师。他有一位女友，身材健美且爱好打扮。一天，女友穿了一套膝盖上面部分较窄、腰部显得很有魅力的裙子来厂里看她。一路上，人们频频回头欣赏着这条裙子。

罗特也注意到这条裙子，他越看越觉得线条优美。他想，要是制成这条裙子形状的瓶子也许销路不错。想到这里，他马上转身跑回设计室，连声"再见"也没说。女友也感到十分奇怪，很不高兴地独自走了。

罗特回到设计室就在图纸上画了起来。后来，这种瓶子制造出来以后，不仅外形美观，而且里面的液体看起来比实际分量要多。

不久，美国可口可乐公司看中了这种瓶子，并且以600万美元的高价收买了这项专利权。

生活中，许多东西的发明都是得益于另一东西的启发，因此，要想有所成就，须培养由此到彼的想象能力。

爱因斯坦曾说："想象力远比知识更重要。"

智慧比知识的水平更高。因为智慧就是创造力。那么，决定创造范围的想象力当然比知识更重要。但我们必须记住，知识是基础，也是绝不容忽视的。

为了使人类社会有更大的发展，我们需要极大的想象力。这就要求我们必须不断地进行思考训练，使自己的思想有飞跃的发展。由此，我们可以获得丰富的想象力。

拿破仑说："想象支配人类。"只要我们的想象力不衰竭，我们的创造力就永不会枯竭。致使人生能够长久地停留在"保鲜期"，保持活跃的思想、敏捷的行动，将"成功"事业进行到底！

青少年在加强想象力的培养方面，应注意以下几点：

（1）在看到或听到故事或者任何事件的过程中，也要不断练习猜想的能力，多为下一步、下几步想想，养成预测的习惯，这有益于想象力的开发与培养。

（2）凡事都要问个为什么，养成好奇的习惯。这是激发想象的源泉，也是推动想象力发展的动力。

（3）想象的材料来源于客观现实，只有对现实认真观察，才能在头脑中留下关于客观事物的感性形象，感性形象太少，想象就难以丰富。

（4）比喻和类比是想象力的花朵。一般来说，善于打比方的人想象力都比较活跃，所以，平时在讲话和写作中，你不妨多用一些比喻和类比。

抓住灵感的火花

青少年朋友，当灵感如闪电、如火花一般在你脑中飞过，你能牢牢地抓住它吗？

灵感，又称顿悟，它是一种高度复杂的思维活动，是人们在实践活动中因思想高度集中而突然表现出来的一种精神现象。在创新性思维酝酿构思阶段，由于某种事物或现象的启发，促使创造者茅塞顿开，一下子突破了思维上的障碍，使思维跃进到明朗阶段，这种突变式的思维形式就称为灵感思维。

清代书法家郑板桥未成名时，成天琢磨前辈书法大家的字体，总想写得与前辈书法家一模一样。一天晚上睡觉，他用手指先在自己身上练字，朦胧之中手指写到妻子身上，妻子被惊醒，生气地说："我有我体，你有你体，你为何写我体。"妻子的话使他恍然大悟：应该自成一体，不能一味学人。在这种思想指导下，他刻苦用功，朝夕揣摩，最终成了我国著名的书法家。

苏联火箭专家库佐寥夫为解决火箭上天的推力问题，而茶饭不思、寝食不安，妻问其故后说："此有何难？像吃面包一样，一个不够再加一个，还不够，继续增加。"他一听，豁然开朗，采用三节火箭捆绑在一起进行接力的办法，终于解决了火箭上天的推力难题。

可见，抓住了灵感，你就抓住了通向成功大门的金钥匙。

有个公务员叫杰克，繁忙的工作之余最大的爱好便是溜冰。收入微薄的杰克为到溜冰场溜冰花费了不少钱，手头非常拮据。杰克最向往冬天，因为冬天可以到冰天雪地"免费"溜冰。可是春天一来，这些天然溜冰场便消失了。

有什么补救的办法呢？杰克针对"冰天雪地"冥思苦想，除了想到人工制造冰场的方案外，也没有什么好的办法。即使有了人工冰场，皮夹子空空的杰克也只能望"场"兴叹。

一天，杰克的头脑中突然闪过一个念头：我干吗老在"冰场"上兜圈子呢？溜冰溜冰不就是一个溜字吗？只要能让人的身体溜来溜去，不就是一种乐趣吗？

于是，杰克开始集中思考怎样让人"溜"起来。他在观察了会溜的玩具汽车后，突然一个灵感涌上来："要是在鞋子底面装上轮子，能不能代替冰鞋？这样的话，一年四季都可以溜冰了。"

经过几个月的努力，杰克终于把这种鞋做出来了。不久，他便与人合作开了一家工厂，专门生产这种被称为旱冰鞋的产品。他做梦也没想到，产品一问世，就成为世界性商品。没几年的工夫，杰克就赚进了100多万美元。

因为一个灵感，杰克发明了旱冰鞋，不仅方便了他人，自己也因此得到了丰厚的回报。

青少年思维活跃、灵感很多，但时常任其白白流逝，可采取以下计划来发掘捕获灵感：

1. 随时记录灵感

由于灵感具有稍纵即逝的特点，如果不及时记录，过后恐怕很难再回忆起来。所以许多杰出人物都非常重视灵感的记录。

托尔斯泰说："身边永远要带着铅笔和笔记本，读书和谈话时想到一些美好的地方、语言都要把它记下来。"

果戈理有一本厚达400多页的"万宝全书"，里面什么内容都有，上至天文地理，下至生活琐事，有时他外出散步，当听到或临时想起什么趣事，就快速跑回家，翻开这本"万宝全书"记下来。

法国物理学家安培有一次走在巴黎的大街上，忽然灵感油然而生，便在地上捡起小土块，在停在街边的一辆马车后板上演算了起来。

贝多芬有一次散步时忽然来了灵感，便蹲在地上写了起来，行人看见有人挡在路中央自然十分生气，但当大家看清是贝多芬时，便都停止了脚步，一直到贝多芬写完。

2. 经常表达出自己的想法

青少年一旦有了想法，不管是什么样的想法，都要表达出来。如果是独自一人，就对自己表达一番；如果身处群体之中，就告诉其他人共同进行探讨。

你想要有创造力，就必须照料好大脑里每一株"杂草"，把它们当作一株株有潜在经济价值的新作物。

把你的不寻常的离奇想法说出来，把它们从头脑中解放出来。使你有机会更仔细更充分地去审视、探索和品味，去发现它们真正的实用价值。

3. 永远充满创新的渴望

满足于现状，就不会渴望创造。时时保持创新的激情，灵感才可能出现。

第四章

敢于尝试，就迈出了成功的第一步

发挥想象，写一首诗

青少年朋友，面对父母的大爱、醉心的风景、好友的笑容、爱情的酸甜苦辣，你有没有这种冲动：拿一支笔，用真挚的语言、热切的情感、奇妙的想象，写一首动人的诗？

诗，最精粹而又蕴含丰富的语言，是爱做梦的少男少女的宠儿，是浪漫倜傥的诗人的女神，是一切热爱生命和美的人的歌吟。

屈原、李白、苏轼、徐志摩、拜伦、雪莱、普希金、海子……一个个风流绝代的天之骄子，以诗歌唱了一生。

大诗人歌德曾以8岁稚拙的童手在生日贺帖上为外祖父母写出了第一首诗，八十高龄的他又在故世前以苍老的手写下了最后一首诗。

"人闲天又凉，老梅上战场。拍桌骂胡适，说话太荒唐！说什么中国要有活文学！说什么须用白话作文章……若非瞎了眼睛，定是丧心病狂！"

"老梅牢骚发了，老胡哈哈大笑。且请平心静气，这是什么论调！文字没有古今，却有死活可道。古人叫作欲，今人叫作要。古人叫作至，今人叫作到。古人叫作溺，今人叫作尿……古人乘舆，今人坐轿……若必叫帽作巾，叫轿作舆，何异张冠李戴，认虎作豹……"

这是现代文学家胡适的第一首白话诗，也是最长的一首诗。

1916年夏，青年胡适还在哥伦比亚大学，一次与朋友们一起去湖边玩，不料天降大雨，船差点儿翻掉。事后任叔永有诗记其事，胡适回信说此诗其中有现代文字，也有陈腐的死文字。结果他在哈佛的朋友梅觐庄看到后写了一封措词激烈的信给胡适，说白话不过是"俗字俗语"，绝不成文学。胡适接到信后，一时童心大发，写了上面这首诗"答梅觐庄"。

自此，"文学革命"成了胡适生活的重心，他一方面寻找"白话文学"的理论，一方面身体力行，大作白话诗。

当代儿童文学作家金波回忆说："上小学后我最喜欢的科目是语文，喜欢读诗，喜欢冰心的《繁星》，她的诗篇幅不长，语言很美，感情真挚，意境非常隽永。三四年级时我开始学着写诗，有时候老师将我写的诗作为范文在全班讲评，还抄写一份贴在教室门外的板报上。我心里美得不得了，经常走到那儿听听别人怎么评论我的诗。应该说老师允许我在作文课上写诗，又张贴在板报上，对我是莫大的鼓励。"

国外曾有一位专栏作家谈到他第一首诗的故事：

当我八九岁的时候，写了生平第一首诗。

那时，父亲是派拉蒙电影制片厂的厂长，母亲从事文化事业。

母亲读完这首小诗后喊道："巴蒂，你不会写出这么美、这么美的诗的！"

我结结巴巴地说是我写的。她大大地表扬了我一番：天啊，这首诗简直是一个天才的杰作。

我脸上现出愉快的表情。"爸爸什么时候回来？"我问道，我迫不及待地想给他看看。

整个下午的大部分时间我都在为父亲的到来做着准备。我先用花体字抄写了一遍，然后用彩色笔画了一圈儿精美的花边儿，让它与内容相配。当7点将近的时候，我满怀信心地把它摆在餐桌上父亲的餐盘里。

但是7点钟父亲没有回来，我不能耐受这种心悬的感觉。我崇拜父亲，他是以作家的身份开始他的电影生涯的。他会比母亲更能欣赏我优美的诗的。

这天晚上，父亲突然闯进家门，他的情绪比往常要暴躁得多。他虽然比通常吃晚饭的时间晚回来一小时，但他坐不下来，而是手拿酒杯围着长餐桌转圈圈，咒骂他的员工。

他走着走着转过身停了下来，盯着他的餐盘。屋里静悄悄的，我的心悬了起来。"这是什么？"他伸手去拿我的诗。

"本，发生了一件了不起的事，"母亲开始说话了，"巴蒂写了他的第一首诗，而且写得很好，绝对出乎意料。"

"如果你不介意，我想自己来判断。"父亲说。

他读诗时，我一直低垂着头，盯着盘子。短短十行诗似乎用了好几个小时，我记得当时不明白他为什么用了这么长的时间。我能听见我父亲的呼吸，接着听见他把诗放回到桌子上，到了作出结论的时候了。

"我认为写得很糟。"他说。

我不能抬起头来，两眼开始潮湿起来。

"本，有时，我真不理解你，"母亲说道，"他只是个小孩子。这是他平生写的第一首诗，他需要鼓励。"

"我不明白为什么。"父亲仍坚持自己的观点，"难道世界上这样糟糕的诗还不多吗？没有法律说巴蒂必须成为诗人不可。"

他们为此争吵起来，我再也无法忍受了，哭着跑出餐厅，到楼上我的房间，扑倒在床上抽泣起来。

这件逸事好像已经过去了，但是它对我的深远意义没有终结。照往常一样，家庭的创伤已经愈合，母亲又开始与父亲说话了，我也继续写诗，但是我没敢拿给父亲看。

几年以后，当我再读我的第一首诗时，发现它的确写得很糟糕。过了一阵子，我鼓起勇气给他看一个新作品———一个短篇小说。父亲认为写得太累赘，但不是一无是处。我学着重新写。母亲也开始学着批评我但又不使我有挫折感。

但是直到多年以后我才渐渐地明白让我痛苦的"第一首诗"的经历的真正意义。当我成为一名专业作家以后，我才越来越明白自己曾多么幸运。我有一位说"巴蒂，这当真是你写的吗？我觉得写得真棒"的母亲，还有一位摇头否定说"我认为写得很糟"使我流泪的父亲。一个作家———实际上我们生活中的每个人———都需要爱的力量作为一切创作的动力，但是仅仅有爱的力量是不完整的，甚至是误导的，平衡的爱应该是告诫对方"观察、倾听、总结、提高"。

可见，要写好一首令人欣赏、感动的诗，是得下一番功夫的。青少年朋友怎样才能写好一首美妙的诗呢？

1. 充分发挥想象力

安徒生在他的童话《创造》中写道：一个爱写诗的青年人，因为写不出好诗来而苦恼，于是去找巫婆。巫婆给他戴上眼镜，安上听筒，他就听到了马铃薯在唱自己家庭的历史，野李树在讲故事，而人群中，一个故事接着一个故事在不停地旋转。这里，说的就是想象的力量。

2．深入生活

对生活进行形象的感受，形象地体验生活、观察生活、分析生活，抓住灵感。大约在 1913 年，苏联诗人马雅可夫斯基从萨拉托夫回到莫斯科。为了对一个在火车上同路的女人表示他对她完全没有邪念，诗人就说道："我不是男人，而是穿着裤子的云。"说了这句话之后，他立即考虑到这话可以入诗。两年之后，他用了"穿裤子的云"作为一首长诗的标题。

3．构思诗歌

过程包括：提炼诗情，选取角度，布局谋篇，锤炼语言。

在报刊上发表一篇文章

青少年朋友，当你的"涂鸦"在报刊上变成铅字时，相信除了快乐、满足、自信，你所收获的还有很多。

1918 年，冰心考入协和女子大学预科，全身心地投入时代潮流，被推选为大学学生会文书，并参加了北京女学界联合会宣传股的工作。在爱国学生运动的激荡之下，她于 1919 年 8 月的《晨报》上，发表第一篇散文《二十一日听审的感想》和第一篇小说《两个家庭》。后者第一次使用了"冰心"这个笔名。由于作品直接涉及重大的社会问题，很快发生影响。

那么，你读过她的第一首诗吗？

除了宇宙，最可爱的只有孩子。

和他说话不必思索，态度不必矜持。

抬起头来说笑，低下头去弄水。

任你深思也好，微讴也好；驴背上，山门下，偶一回头时，总是活泼的，笑嘻嘻的。

1921 年 6 月，21 岁的冰心在西山写了一篇小散文，投寄到《晨报》副刊去。编辑接到冰心的这则小散文后，感到很有趣，也有诗味。于是，他将这篇署名为《可爱的》的散文，也没有经作者同意，自作主张将它拆开，分行排列发表出来了。

后来，冰心先生说："我立意作诗，还是受了《晨报》副刊编者的鼓励。"

可见，一篇小文的发表，对一个人的成长有多大的鼓舞、激励作用。

大家都喜爱"童话大王"郑渊洁吧？

1977 年，郑渊洁开始尝试写诗，并且给很多杂志社投稿，但总是被退稿。就在要对自己没有信心的时候，喜讯从山西《汾水》杂志社传来，他的一首诗被该杂志录用了。"从此，我对自己又有信心了，巧的是那之后我所有的作品就都发表了。"

放眼古今中外，作品的发表大都坎坷重重。

被誉为"科幻小说之父"的法国著名作家凡尔纳，走上写作这条路也并非一帆风顺，他的第一部小说《气球上的五星期》被15家出版社拒绝过。作家很受打击，甚至将手稿扔进火中。要不是他妻子手疾眼快，将稿件从炉火中抢了出来，也许世上就少了一位天才作家了。

以《平凡的世界》《人生》等作品闻名的、曾获得过第三届茅盾文学奖的路遥，28岁的时候完成了自己的处女作，投了28家刊物都被退了回来。后来，他有点气馁了，抱着最后一丝希望投向了第29家刊物，并对别人说，如果还不受理，那就将它付之一炬吧！没想到，这篇小说竟然大获成功，并且获得了当年的"全国最佳短篇小说奖"。从此，路遥也走上了职业作家的道路。

全世界著书量最多的作家是英国的约翰·克里西，他在40年的时间里写出了564本，总计4000多万字。平均每25天写成一本书，平均每天要写27000字。然而，这位世界著名的小说家，发生过743张退稿单的故事。

年轻的时候，约翰·克里西就立志于文学创作。他把写成的稿件，分别投往各个出版社和文学报刊。一天天，一月月，得到的却是一次次的退稿。每次退稿，信件内总有一张提出稿件意见的退稿单。约翰·克里西将每一张退稿单保存起来，并根据退稿单上的意见修改和写稿。功夫不负有心人，在收到743张退稿单后，约翰·克里西的作品终于发表了。

青少年朋友，只要你也有信心、恒心，你也可以把自己的作品向有关报刊投稿，进行大胆的尝试，向社会展示自己的才华和人生价值。

那么，如何写出好文章呢？

（1）多读中外名著，培养更高层次的阅读能力，具备较强的文学驾驭能力。

（2）在阅读过程中，应把优美的描写摘录下来，甚至要把精彩片断背诵在心。日积月累，就是一个大资料库，对写作有很大的帮助。

（3）坚持每天写一篇日记，把自己所见所闻、有意义的事情和感受记下来，既是对自己生活道路的记载，又是对自己人生的反思，对写作、做人都有积极的作用。

（4）及时记取有价值的生活素材，为随时写作做好准备。

另外，一篇下尽功夫的文章，却没有被刊登，你会感到很失望、很不解，可能有这样一些原因：

（1）文章与别人的文章有雷同，或其中的某些段落是抄袭别人的；

（2）投稿不符合录用要求：如属于一般的校园活动新闻，属于学生的习作，属于一般的教案等。

（3）文章比较粗糙，文句、别字、标点运用等问题不少。

（4）文章主题不明确、散乱，或文章虽很流畅，但没有新意，或缺乏个性，缺乏实质性内容等。

（5）未写清楚报社地址、自己的详细资料等。

拍一个短片

今天，DV（数码摄像机）使导演、演员变得不再高高在上，或不再局限于某几个明星。青少年朋友，你也可以拿起 DV，当一回导演兼摄像，让亲朋好友来担任主角！

一位网友说：用 DV 在家乡拍个短片，一直是个梦想！30 分钟以内的，比较温和的，描绘出民风的朴实，景色的秀美；祖祖辈辈都生活在这里，与世无争。在茶馆品着茶，吃着米豆腐，打着川牌。像沈从文笔下的凤凰一样美……

自编、自导、自演，拍下自己在大学期间的生活片断，或干脆拍摄属于自己的电影！近来，高校中出现了 DV 一族，拍 DV 成了高校学生课余休闲的一股新潮流。

大四的小林说，她们寝室打算拍摄一部自己的恐怖片，虽然后来因为大家都很忙还没有开拍，这个念头依然没变。一个刚从浙江旅游回来的复旦计算机系的学生说，快要毕业了，他邀请几个同学一起去浙江玩了两天，他特地用 DV 记录下毕业旅游途中的点点滴滴留作纪念。

看似简单的十余分钟的短片，要拍得好可不容易。阿秀最开始拍得较多的是校园生活片断，例如，宿舍里的趣事。但当时什么都不会，完全出于自己的喜好和感觉，对于灯光怎么打、制作特效等环节更是一窍不通。拍得多了，她和朋友们就希望可以拍出更专业的 DV。于是大家边拍边学，后来 DV 一族们还进行了分工，编写剧本、选景、拍摄、灯光、布景、剪辑、做字幕、配音……因短片情节需要，他们时常需要在烈日下、在狂风暴雨中拍摄，尽管很辛苦，但片子成功制作出来的那一刻，大家都特别有满足感。

除了小短片、故事片外，MV、广告片、纪录片、宣传片等均已成为校园 DV 族尝试的类型，这些 DV 内容大都是反映当代大学生生活状态、思想状态，以及一些在大学时代值得记忆的事情。

青少年朋友拍短片时，需注意以下几点：

1. 禁止事项

（1）禁止色情素材。

（2）禁止任何涉及种族、性别以及宗教信仰的歧视偏见素材。

（3）禁止庸俗、沉闷、枯燥的内容。

2. 要掌握正确而稳定的 DV 持机方式

掌握了正确而稳定的 DV 转机方式才能避免镜头的忽上忽下。

最简单的方法是使用三脚架，使机器在各种镜头运动中实现平稳拍摄的目标。要想成为一个 DV 高手，最好使用手持姿势进行拍摄。使用双手拍摄时，持 DV 机的手肘应紧靠体侧，将 DV 举到比自己的胸部略高的位置进行拍摄，另一只手则要辅助它将 DV 紧紧托持住，并保持双肩松弛。同时，拍摄者的双腿则应自然分立，脚尖分开。

3. 拍摄影片要有主题和中心，要了解如何取舍取景器中的图像

对初学者来说，要注意保持画面的平衡性和各物体要素之间的内在联系。一个优秀的构图，首先要保持画面简洁而流畅，能够突出所要表现的主题，而避免杂乱繁复的图像以及与主题无关的影像出现在画面中。此外要掌握仰、俯、摇、转、移等镜头语言拍摄方式，准确有效地表达自己的思想。

4. 准确、完整地呈现自己希望表达的画面质量

DV 画面控制主要包括：用光圈和快门控制画面构图和亮度、利用白平衡让色彩更加真实，这些都是摄像最基本的技术要求，通过训练就能实现。

5. 掌握后期制作技术

蒙太奇，是指镜头的剪切，它是镜头语言的表达技巧。镜头语言的组织都有赖于后期的动手编辑。通常这也是拍照摄像后真正过瘾的地方。影像艺术的魅力是通过自编自导体现出与众不同、彰显个性和激情的。视频编辑软件分为专业类和消费类，都提供相似的捕捉、编辑和输出功能等。

参加一次艰辛劳动

青少年朋友，你曾流着热汗，参加过一次艰辛的劳动吗？在劳动中，你会收获许多宝贵的人生体验，这些并非能从书本上学到。

小秋不理解邻居家的餐桌上为什么总有鱼有肉，而自家十天半个月才能吃上一次肉。

小秋经常习惯性地吮着手指头站在门边看邻居一家吃鱼吃肉，口水从手指缝中流出。邻居常常会夹上一块肉放在他的手心，然后说："回去吧，回去叫你妈也买点肉吃。"有时小秋的几个弟妹也去，搅得邻居很烦。

有一天，小秋终于问妈妈："邻居的餐桌上为什么总有鱼有肉？"他想知道这个谜底。

妈妈没有回答。一个星期天，妈妈问："你今晚想不想吃肉？"小秋说："当然想，做梦都想。"妈妈说："好吧，你跟我走。"

妈妈带小秋到一家建筑工地，她向工头要了一截土方，工头在土方上画了白灰线，并告诉母亲，挖完了线内的土方，给工钱20元。妈妈对小秋说："挖吧，挖完了，今晚就有肉吃了。"

小秋只挖了一会儿，手就发软，且磨起了泡，妈妈比画着说："已得一元了。挖吧，再挖挖又得一元了。"小秋又支撑了一会儿，终于挖不动了。小秋说："妈妈，这太辛苦了，我吃不了这种苦。"妈妈说："歇一下吧，你歇一下再挖。"小秋就这样歇一会儿又挖一会儿，而妈妈总是不停地挖。小秋记得那是初秋，天气仍然很热，妈妈的衣服湿了干，干了又湿，衣服上都能看到盐渍了。这么苦，小秋甚至今晚不想吃肉了。他试探着把话说出去，妈妈说："孩子，不下苦力气，哪得世间钱？"

一天下来，母子俩终于把土方挖完了。妈妈从工头那儿领了20元。

这时候，小秋连走路的力气都没有了。

晚上，餐桌上摆上了香喷喷的大鱼大肉，弟妹们吃得香极了。妈妈对小秋说："孩子，我想你知道邻居餐桌上的谜底了吧。"

妈妈又说："这就叫吃苦，孩子，你知道吗？"小秋的心灵为之一震，面对餐桌上的鱼和肉，还有吃得正香的弟妹，他哭了。

那年小秋11岁，他刻骨铭心地记住了邻居餐桌上的谜底和妈妈说的"吃苦"两个字。

小秋的故事告诉我们：一场艰辛的劳动，不仅使身体得到锤炼，就连内心的灵魂也将经历一番洗礼。

古希腊人特别强调劳动作为社会目标的必要性。梭伦指出："那些不劳动的人应该被送上法庭。"还有一位智者指出："不劳动的人就是强盗。"

画家兼诗人马多克斯·布朗的下面这首很有影响的十四行诗，描述了劳动的价值和益处：

"劳动！使人的额上挂满了汗滴，

使人的肌肉强壮结实，使人把魔鬼摈弃！

劳动的神秘力量，驱走了穷苦人的邪念，

他们的睡床虽然破烂，饭菜却很新鲜。

没有劳动，邪恶的绳索会牢牢束缚我们，

缺少劳动，挥霍者会在狂欢豪饮中走进济贫院。

缺少劳动，人很快就会落入魔鬼的手掌！

打扮时髦的漂亮姑娘，如果痴迷于一条色彩斑斓的小狗，

最终只会成为一个衣衫褴褛、遭人唾弃的马路天使。

不接受劳动的熏陶，

他们的境况必然凄惨，

或成为沿街乞讨的乞丐，

或成为夜间入室的盗贼……"

大诗人歌德在论及古希腊神话中终生服苦役的西西弗斯时曾说："人们通常把我看成一个最幸运的人，我自己也没有什么可抱怨的，对我这一生所经历的路也并不挑剔。我这一生基本上只是辛苦地工作。

我可以说，我活了 75 岁，没有哪一个月过的是真正舒服的生活。就好像推一块石头上山，石头不停地滚下来又推上去。我的年表将是这番话的清楚说明。"

艰辛的劳动确实是我们生命的必要，认清了这一点，我们就能换一种心态去观照审视已经、未经的艰辛，直面苦难，傲对苦难甚至享受苦难。

这个世界上，做梦都想成为名人、富翁的人可谓数不胜数。但很多人谈到成功者总是以"运气"二字以概之，对此，华人首富李嘉诚并不同意。所以，1979 年 10 月 29 日，在《时代周刊》说李氏是"天之骄子"的时候，也就是说李氏有今天的成就是因为他得到了幸运之神的眷顾，李嘉诚在 1981 年指出："在 20 岁前，事业上的成功靠双手勤劳换来；20 岁至 30 岁之前，事业已有些小基础，那 10 年的成功，百分之十靠运气好，百分之九十仍是由勤劳得来；之后，机会的比例也渐渐提高；到现在，运气已差不多要占三至四成了。"

可见，对于每一个渴望成功的人来说，勤劳都是必需的。因为只有勤劳，才是成功道路上的通行证。

勤劳是一个人取得成就的重要因素，更是一个人应该具备的重要品质，无法想象，一个从小就好吃懒做的人能创造出一番伟大的事业。

生活中，青少年朋友可尝试以下建议：

1. 积极参加学校组织的各项劳动

如大扫除、修路、种花、种草、种树、为孤寡老人做家务或参加学校劳动基地的劳动等。通过参加集体劳动，锻炼自己的体力与意志，感受劳动的光荣，获得劳动的愉快。

2. 积极参加社会公益劳动

利用寒暑假到工厂、农村去参加一些比较复杂的既费体力又费脑力的劳动。主动接近工人、农民，了解劳动人民，增进与劳动人民的感情，培养自己做人的基本品质和基本能力，做一个勤劳、勤俭又有知识的人。

3. 要有吃苦耐劳的精神

劳动，特别是体力劳动，总要和泥土、灰尘等打交道，还要消耗体力，要流汗，所以必须有不怕苦、不怕累、不怕脏的思想，只有经过苦、累、脏，才能换来净、乐、福。所以，参加劳动要做到吃苦耐劳，不要出工不出力。

4. 要掌握一定的劳动技能

要重视上好劳动课、劳技课。劳动需要动脑子，不同的活有不同的干法。逐步掌握一些劳动的技能技巧、劳动的程序与操作要领，可提高劳动效率与质量。

做一次小生意

如今，社会竞争激烈，生存和就业的压力很大，在学校期间能做多方面的尝试和积累，对我们将来走向社会是一个铺垫和锻炼。

做一次小生意，并非仅为了赚钱，而是体验生活的酸甜苦辣。

旅游专业的小孙利用学校校区偏远的特点，为旅行社担任"中介"服务，组织适合学生喜好的一日游、二日游活动。每介绍一个团可获得百元佣金，自己还可以跟着团同游，吃住免费。

当然，青少年也会遭遇困难和危机。

阿凤用自己"小金库"里的资金——两千多元钱租下了学校里的一个书报亭。由于进货渠道不熟，缺乏经营思路，再加上难以协调学习与经营的关系，两个月下来便难以继续，只好将书报亭转让。

青少年是否善用头脑，关系着成败得失。

某一个地区，有两个中学生趁暑假当起了报童，卖同一份报纸。

第一个报童很勤奋，每天沿街叫卖，嗓门也响亮，可每天卖出的报纸不是很多，而且有减少的趋势。

第二个报童肯用脑子，除沿街叫卖外，他每天坚持去一些固定场所，先给大家分发报纸，过一会儿再来收钱，地方越跑越熟，报纸卖出去的也就越来越多，当然也有些损耗，但很小。渐渐地，第二个报童的报纸卖得更多，第一个报童能卖出去的越来越少了，不得不放弃。

为什么会如此？第二个报童的做法大有深意：

第一，在一个固定地区，对同一份报纸，读者客户是有限的。买了我的，就不会去买他的，我先把报纸发出去，这些拿到报纸的人肯定不会去买别人的报纸。这样做等于我先占领市场，我发得越多，对手的市场就越小。这对竞争对手利润和信心都构成打击。

第二，报纸这东西不像别的消费品有复杂的决策过程，随机购买多，一般不会因质量问题而退货。而且钱数不多，大家也不会不给钱，今天没零钱，明天也会一块给，文化人嘛，不会为难小孩子。

第三，即使有些人看了报，退报不给钱，也没什么关系，一则总会积压些报纸，二则他已看了报，肯定不会去买别人的报纸，还是自己的潜在客户。

除了多用头脑，青少年朋友做生意也需要寻找机遇。

不知你是否留意过，现在的水果上很多都印有"福、禄、寿、喜、贵、发"等字样，这种水果的味道并没有什么特别的地方，但它迎合人们喜庆的心理，销路比其他的苹果要好几倍。这个机遇就是山西的一个农村青年无意中想到的，正是他抓住了身边这个不经意的机会，使自己走上了发财致富的道路。

许多人认为自己贫穷，实际上他们有许多机会，只是需要他们在周围和种种潜力中，在比钻石更珍贵的能力中发掘机会。据统计，在美国东部的大城市中，至少94%的人第一次挣大钱是在家中，或在离家不远处，而且是为满足日常、普通的需求。对于那些看不到身边机会，一心以为只有远走他乡才能发迹的人，这不啻当头一棒。不要等待千载难逢的机会，而要抓住平凡的机会使之不平凡。

青少年朋友在做小生意时，需注意以下几点：

（1）衡量自己是否有实力投入进去、退出来。

（2）恪守诚信。

（3）不要轻信那些成功故事甚至全盘效仿，要多看看那些失败的例子。

（4）多向前人请教一些做生意的秘诀。

（5）一边做，一边学些营销理论。

（6）要有坚定的毅力，不要半途而废。

（7）为了增加自己的能力，有时候该放下一些商业利益去体会各种事情，注意积累与学习。

（8）要有纳税意识。

（9）如果你做生意赔了，也别沮丧。这正是成功之前的必经之路。

第五章

品味生命的意义

登一座高山

青少年朋友，当你历尽辛苦，立于一座高山之巅，俯瞰山河时，是否有一种豪壮、广阔的情怀？疲乏、汗水、怨言，都杳无踪影……

打开历史长卷，不少杰出人物都钟情于登山。

据《南史·谢灵运传》中记载：诗人谢灵运游山必到幽深高静的地方，他还备有一种特制的木屐，屐底上装有活动的齿；上山时去掉前齿，下山时去掉后齿。这就是著名的"谢公屐"。

有一次，他带领一群人拿着刀斧、火把登山，声势浩大，当地的官员以为来了盗贼。故事有趣，也可见诗人游山之兴致。

20多岁的杜甫，曾到京城长安参加进士考试，结果榜上无名。但是，这没有使这位才华横溢的青年诗人消沉下来，而是更积极地投入了对美好自然风物的探寻。到山东一带游览时，他决心攀登向往已久的东岳泰山。在泰山之上，他写下了名垂千古的《望岳》：

岱宗夫如何，齐鲁青未了。

造化钟神秀，阴阳割昏晓。

荡胸生层云，决眦入归鸟。

会当凌绝顶，一览众山小。

诗中描绘了泰山雄伟秀美的景象，抒发了自己昂然向上的远大抱负，充满了浪漫气息。

这次登泰山，使杜甫经历了一次前所未获的体力与意志的锻炼，而且大大加深了他的生活体验，扩展了他的思想境界，给诗人留下了不可泯灭的印象。直到30年后，当他处于"漂泊西南天地间"的困苦生活时，诗人仍然怀着饱满的生活激情，以诗回忆了当年在泰山绝顶时的美好感受："穷秋立日观，矫首望八荒。朱崖著毫发，碧海吹衣裳。"

登山活动不仅能够增强体质、陶冶性情，还可以在亲近自然的过程中体会一种人与自然之间最原始、最本质的联系。欧美及日本、澳大利亚、新西兰等国，不仅在大学体育课中开设了登山项目，而且在中小学广泛开展了以旅行登山为主要内容的野外活动。现在，在中国，登山也越来越流行起来，特别是登山活动同旅游结合起来——旅行登山。旅游中要饱览山中的无限风光，就非要登山不可。当你登上山峰，那种"会当凌绝顶，一览众山小"的心情，是不登高峰所难以体验的。旅行登山目前已是一项最为普及、最受人们欢迎的登山运动形式。

1. 登山注意事项

（1）事先做好准备

休闲生活中登山要量力而行，而且事先一定要做好充分的准备工作。首先对所要登的山进行一番调查了解，不能贸然而登。特别是一些有泥石流活动的山、风化比较严重的山，更是不宜攀登。

（2）爬山前要先热身

爬山前要先热身，后放松，开始爬山锻炼时，切不可一上来就加大运动量，要循序渐进。通常要先做一些简单的热身运动，然后按照一定的呼吸频率，逐渐加大强度，避免呼吸频率在运动中发生突然变化。锻炼结束时，要放松一下，这样才能更好地保持肌群能力，使血液从肢体回到心脏。

（3）在登山时，一定要事先选择好路线

山草一般来说是比较光滑的，再加上山苔，特别是草中的毒蛇也会使人行走困难和易出危险，就更要小心。作为休闲性的登山，与单纯的登山探险是有区别的，应尽量选择有山路和栈道的路线登山，没有十分的必要，不要去另辟登山路线。

（4）保证呼吸顺畅

要尽量保持呼吸的自然状态，这样才能使登山过程中呼吸系统处于正常状态，顺利地登山。

（5）走上坡路，尽量让脚后跟吃劲

爬坡时，应手脚并用，省劲有效，也可用手掌压在大腿下部助力。

（6）走"之"字路，登山游览

如果顺着石级直线攀登，是费力的。有经验的登山者往往是在石级上呈"之"字形攀登。看起来要多走一些路，实际效果是省力得多，下山也同样。

（7）强度不宜过大

爬山时心率保持在 120～140 次/分钟，身体不太好的朋友如果情绪太兴奋，不顾自己的体力爬得太快，造成心动过速，对身体健康没有好处，尤其是对于心脑血管功能不太好的人，还有可能会出现危险。

（8）登山拿着手杖是很有用的

手杖在这里不仅仅适用于老年人和行动不便的人，对于年轻的登山者，可以探索地势高低、土质松硬、惊走蛇虫。

2. 登山装备

短时间内爬一些景点的小山，不需要什么样的装备，但不要穿皮鞋、新鞋、高跟鞋或凉鞋，穿着这些鞋不适宜走远路、高低不平的路以及湿滑的路，而且足底易起水泡，脚部皮肤易受伤。适宜登山的是较轻便的运动鞋、旅游鞋和胶底布鞋。但如果是要爬野山，有一定高度，且有攀爬难度的山，需要有如下的装备：地图、指南针、头灯（含备用灯泡与电池）、备用食物和水、备用衣物、太阳眼镜、瑞士军刀、火种、打火机及急救箱。

去一次海边

　　这个世界有无数神奇的景观，比如，大海，没有什么比大海更加雄奇、更加深沉的了。

　　"我有一所房子，面朝大海，春暖花开。"这是诗人海子的诗歌《面朝大海，春暖花开》里的一句，总是引发人们许多温暖美丽的幻想。大海总是那么雄奇，那么深沉，那么神秘。一个人能够在年少的时候，去感受大海这份浩瀚的美和平静的深沉，一定能够震撼和滋养自己的心灵。

　　青少年朋友，当有机会面对大海的宽广无边时，一定可以感觉到一种或许从未有过的豪迈与悲壮荡漾着你的胸襟。我们必定会希望自己的胸怀如大海般海阔天空、海纳百川。

　　有这样一篇美丽的文字：

　　"世界上最宏大的是海，最有耐心的也是海。海，像一头驯良的大象，把地球上微不足道的人托在宽阔的、浩瀚的、绿绿苍苍的海水上，似乎在吞噬大地上的一切灾难。如果说海是狡诈的，那可不正确，因为它从来不许诺什么。它那颗巨大的心——在苦难深重的世界上，这是唯一健康的心——既没有什么奢望，也没有任何留恋，总在平静而自由地跳动。

　　"人们在海浪上航行的时候，大海唱着它古老的歌儿。许多人根本不懂得这些歌儿，不过，对于听到这种歌声的人来说，感觉是各不相同的，因为大海对每一个迎面相逢的人，用的是各种特殊的语言。"

　　世界上最懂得生活的是水手，在他们出海的日子里，一条船就是一个世界，而大海是茫茫的宇宙。所以，他们的世界操纵在自己的手里，船要驶向何方，完全由他们自己决定。他们在有限的人力资源上，展开了最有效的合作，每一个人都是不可或缺的，但是每一个人都无法主宰一切。船长和大副，他们作为最高的领导者，也不能成为官僚，在指挥的同时，有一份自己的工作。所以，做一个水手，也是一种不错的人生经历。

......

世界上最富裕的地方是海底。海底有丰富的矿藏，还有珍稀的鱼类和珍珠。古代的沉船里，有远古遗留的无价之宝。它们静静地躺在珊瑚丛中，每一件宝贝都像星星一般眨着眼睛。于是人们想象着海底住着一个神仙般的种族，如安徒生笔下的美人鱼……

读过之后，我们似乎能摸到那一份浩瀚的美。

大海，也赠予了诗人、作家以斗志、激情、幸福。

1820 年，诗人普希金因创作了大量的政治诗而引起沙皇的惊恐。被沙皇政府放逐到南高加索，由于他热爱自由，不愿阿谀逢迎奥德萨总督，于 1824 年又被革职遣送回乡（第二次流放）。临别前夕，诗人登上高加索海边的岩石，面对波涛汹涌的大海，想起自己坎坷的经历，想起与大海有关的英雄，不禁思绪起伏，写下了著名的《致大海》：

再见吧，自由奔放的大海！

这是你最后一次在我的眼前，

翻滚着蔚蓝色的波浪，

和闪耀着娇美的容光。

好像是朋友忧郁的怨诉，

好像是他在临别时的呼唤，

我最后一次在倾听

你悲哀的喧响，你召唤的喧响。

你是我心灵的愿望之所在呀！

我时常沿着你的岸旁，

一个人静悄悄地，茫然地徘徊，

还因为那个隐秘的愿望而苦恼心伤！

我多么热爱你的回音，

热爱你阴沉的声调，你的深渊的音响，

还有那黄昏时分的寂静，

和那反复无常的激情！

……

你等待着，你召唤着……我却被束缚住；

我的心灵的挣扎完全归于枉然：

我被一种强烈的热情魅惑，

使我留在你的岸旁……

哦，再见吧，大海！

我永不会忘记你庄严的容光，

我将长久地，长久地

倾听你在黄昏时分的轰响。

我整个心灵充满了你，

我要把你的峭岩，你的海湾，

你的闪光，你的阴影，还有絮语的波浪，

带进森林，带到那静寂的荒漠之乡。

诗歌悲愤、昂扬，充满了洋溢的热情，从中，我们领略了大海的力与美。

所以，抽个空闲，去一次海边，畅游到大海深处，去感受那海阔天空的自由吧！

去海边需注意：

必需品：墨镜、防晒霜、泳衣、泳裤、泳帽、水镜、浴巾、拖鞋。

拍照时，应多选用大海或海岸景物作背景，能让整幅照片看起来更加完美和充实。

因海面反光极大，在海滨拍照时，应该减少一档。

在拍摄海边照片时，采用逆光或侧逆光线最有利，要避免用顺光拍摄，尤其是夏季。

相机镜头要尽量加上遮光罩，以免杂光进入镜头，影响画面效果。

世界著名海滩：澳大利亚黄金海岸、牙买加尼格瑞尔海滩、墨西哥的坎克恩海滩、菲律宾的博龙岸海滩、夏威夷海滩、斐济主岛海滩、泰国的普吉海滩、加那力群岛海滩、佛罗里达的南部海滩、巴西里约热内卢海滩。

❤ 看一回日出日落

在众多自然界的美景中，最常见的大抵要数日出日落，我们每天为了生活忙碌着，放了假就往深山大海里跑，却恰恰忽略了那个给我们光和热的太阳。其实，最美的风景就在我们身边。生活在都市中的青少年，看一回日出日落也似乎成了一种奢侈。

"楼观沧海日，门对浙江潮""夕阳无限好"，这些脍炙人口的诗句记录了日出日落的壮美与精彩。

现代诗人徐志摩曾在文章中这样描绘日出：

我们在泰山顶上看日出。对航过海的人来说，看太阳从地平线下爬上来，本不是奇事。但在高山顶上看日出，尤其在泰山顶上，我们无比的好奇，当然盼望一种特异的境界。与平原或海上不同的。

……那时候在这茫茫的云海中，我独自站在雾霭溟蒙的小岛上，发生了奇异的幻想：

我躯体无限地长大，脚下的山峦比例我的身量，只是一块拳石；这巨人披着散发，长发在风里像一面墨色的大旗，飒飒地在飘荡。这巨人竖立在大地的顶尖上，仰面向着东方，平拓着一双长臂，在盼望，在迎接，在催促，在默默地叫唤；在崇拜，在祈祷，在流泪——在经久未见而将见的悲喜交互的热泪……

这泪不是空流的，这默祷不是不生显应的。

巨人的手，指向着东方——

东方有的，在展露的，是什么？

东方有的是瑰丽荣华的色彩，东方有的是伟大普照的光明，出现了，到了，在这里了……

玫瑰汁、葡萄浆、紫荆液、玛瑙精、霜枫叶——大量的染工，在层叠的云底工作；无数蜿蜒的鱼龙，爬进了苍白色的云堆。

　　一方的异彩，揭去了满天的睡意，唤醒了四隅的明霞。

　　光明的神驹，在热奋地驰骋……

　　云海也活了，眠熟了兽形的涛澜，又回复了伟大的呼啸，昂头摇尾地向着我们的小岛冲洗，激起了四岸的水沫浪花，震荡着这生命的浮礁，似在报告光明与欢欣之莅临……

　　再看东方——海浪已经扫荡了他的阻碍，雀屏似的金霞，从无垠的肩上产生，展开在大地的边沿。起……起……用力，用力。纯焰的圆颅，一探再探地跃出了地平线，翻登了云背，临照在天空……

　　歌唱呀，赞美呀，这是东方之复活，这是光明的胜利……

　　散发祷祝的巨人，他的身彩横亘在无边的云海上，已经渐渐地消翳在普遍的欢欣里。现在他雄浑的颂美的歌声，也已在霞彩变幻中，昔彻了四方八隅……听呀，这昔彻的欢声；看呀，这普照的光明！

　　面对日出日落，我们多少都会感悟到什么。

　　中国著名的围棋棋手聂卫平，1969 年曾插队北大荒。后来，聂卫平回忆说，我一到黑龙江，就有一种"天高地阔"的强烈感受。无垠的荒原，无遮无盖的蓝天和瑰丽的日出日落景象，给我强烈的震动。当我重新坐在棋盘上的时候，感到棋盘更广阔了。

　　教育学者李水山在文中写道：

　　人们看着升起的太阳，心潮澎湃、热血涌动。这是新的生命、新的能量、新的起点、新的创举，日出为人类带来了阳光、甘露、力量、信念和希望。奔腾的太阳托起了人类的生命和灵魂，呼唤着生灵的涌动、奋争和延伸。

　　夕阳西下，晚霞染红了天空，洒满了劳作一天的大地，抚慰着辛劳的万物生灵。新的一天、新的一年、新的千年落下帷幕。人们看着落下的夕阳，静下心来思考、回忆和展望，还有一丝惋惜，更是思绪万千，因为时间太宝贵且一去不复返。夕阳留给人类最大的馈赠和宝藏则是反思、珍惜、净化和升华。

　　所以，在某个闲暇的早晨、黄昏，我们出发吧，去感受日出日落的壮观与静美，去感受大自然的伟大。

　　据天文学家估计，从现在算起的 50 亿年后，太阳将进入一个氦核聚变的阶段，那时地球上将热得无法忍受（所以趁现在太阳老人还算客气，多打几次招呼没关系，50亿年以后，再想看日出日落就没那么容易了），连海水都会被烤干。

（1）只要你居住的城市附近有一座几百米左右的小山，那么你可以邀约几个挚友一起上山，有车的开车、没车的徒步。在湖边、海边也可。

（2）日出、日落之前20分钟，到了半山腰，就可以安心地等着太阳莅临了。

（3）随着天边光线和色泽的微妙变化，太阳的多彩变幻，你的心境也会随着豁然开朗。可以用相机将美景永远定格。

（4）要选择在晴朗而有少许云的天气观日出日落，以达到云日生辉、彩霞掩映的效果。

到郊外踏青，走近大自然

　　大自然是一本无字的书，深入到自然中，游山玩水，看幽谷清泉、奇石怪草，或醉卧草地，或赋诗山间，其中有不尽的乐趣，能让人忘记生活中的种种争斗与心机。在忙碌的生活中，适时在游山玩水中放逐自己，给心灵一个反思、放松的机会，该是多么美好啊！

　　其实我们每个人都是大自然的孩子，有容易感动的纯洁心灵，有善于发现自然之美的明亮眼睛。只是，都市的灰白高楼大厦和穿梭的汽车挡住了原本敏感的视线，高高的围墙锁住了原本自由的灵魂，头顶一片蓝天，却极少有机会看到高山流水，不能闻见清香的野花绿草。

　　青少年朋友，我们要时常走出拥挤的城市，去看看青草绿树，听鸟儿的脆鸣，听山泉叮咚。

　　大自然美丽的风景，可以洗去你所有的烦恼与疲倦。在这里，你可以完全地忘掉尘世的繁杂吵闹，可以用心去感受大自然的美和静。

　　置身大山中，走在绿树成荫的山间小路上，望着那大自然造就的奇石怪状，听着叮咚的泉水声，以及那清脆的鸟鸣声，让人感到如同置身世外桃源，心中的种种不快，也随着那缭绕的云雾慢慢散去。漫步海滨，一望无垠的大海，将让我们的心胸更加开阔。

　　生命中，我们应该将亲近自然确定为精神追求中的重要的一部分，不妨经常登山、去河边、出去散步，这样一方面可以呼吸新鲜空气，锻炼身体；另一方面可以让你的内心感受阳光、蓝天、大地、世间万物的美丽。

　　在这个世界上我们常常聆听。譬如在大自然中我们寻觅那"明月松间照，清泉石上流"的韵致，寻觅那"蝉噪林逾静，鸟鸣山更幽"的空灵，寻觅那"红树醉秋色，碧溪弹夜弦"的意境。

　　聆听轻风喁喁低语，聆听松涛娓娓吟唱，聆听蛐蛐细细鸣叫，聆听山林中鸟儿欢啼。亲近自然会使你胸中的块垒随溪水逝去，工作的疲惫被溪水洗去，心灵的尘垢随溪水流去，身心如沐，愉悦清朗，潇洒通透。

一位睿智者说："当我们明心见性，达到内外如一、心物合一的境界，我们便能从任何细微的事物中获得智慧的启示。安静地看一瓢水，可以听到它演示的清静义，请汲来柔润自己的心田；细致地看一朵花，可以听见它宣说的庄严义，请掬来美化自己的生命。这就是奇妙，万事万物，无时无地不在百般譬喻、殷勤示教，你听见了吗？"

置身大自然，迈步山水间，任我心自由自在地驰骋，让人在物我两忘的意境中，将天地万物置于空灵之中。这是何等的快意、何等无拘无束的心境啊！罗素曾经说过："我们的生命是大地生命的一部分，就像所有动植物一样，我们也从大地上吸取营养。"当你走进大自然，投入它那宽广的胸怀时，大自然的一草一木似乎都有灵性，都会抚慰你受伤的心灵。望着山中那历经沧桑的松柏，以及那经历了千百年风吹雨打的岩石，你会重新豪情万丈，平添许多与困难作斗争的勇气。

第六章

挑战极限的人生

野营，栖身于大自然

终日生活在钢筋水泥之中，青少年朋友无不向往到大自然去释放心绪。开初是自助旅行、跋山涉水、结伴野营，仅仅想远离喧嚣人群，去野外亲近自然，渐渐地走向挑战自我极限的旅程，在一次次跨越原先自认的极限中，发现自己蕴藏的潜能。

年轻人拥有挑战自身极限的胆量、勇气和欲望，他们喜欢冒险——即使危险超出了想象。他们总是想："总有一天我要征服……"至于为什么，却可能找不出答案，甚至以为仅仅是为了寻求快乐。

美国作家海明威从小喜欢旅行，擅长捕鱼和狩猎。他按照自己的志愿参加过战场前线的救护队，在严酷的环境里，他学会了救死扶伤的一些基本生存常识和经验，为他以后的生命轨迹勾勒出一个基本的框架。

他每次出行都是孤身一人，而且一头扎在森林中好长时间也不出来。非洲的原始森林里，到处充斥着各种各样的危险，野兽出没，毒虫横行。海明威凭借着自己丰富的野外生存技巧，在危险的环境中磨炼自己的意志，以人类特有的睿智的头脑，挑战大自然的威胁，并从中领悟出很多道理。

这些野外生存的经验，为他的创作提供了丰富的素材，他笔下塑造的硬汉子形象，对现代欧美文学产生了深远的影响。

广东电视台曾经举办的《生存大挑战》，引起了众多人的关注。来自上海、北京、新疆、新加坡等地的12名美貌、智慧、勇气并重的现代女性，在100多天的时间内经受了"孤岛求生""黄河溯源"和"逐鹿新西兰"3种截然不同的生存体验，体会物竞天择的自然法则。

"孤岛求生"中，12名"美女鲁滨孙"开赴到了人迹罕至的西太平洋塞班天宁岛，在没水、没电、没有现成食物的洪荒大地中开始了艰辛的求生历程。在 30 多天的挑战期限中，赤手空拳的美女们刀耕火种、集水成饮，和洪荒大地做顽强斗争，坚强地维持着脆弱的生命。

"黄河溯源"中，幸存的 8 名美女背起行囊，牵着仅有的生存物资——一头绵羊，踏上了漫漫征程。在 2000 多公里的路途中，美女们风餐露宿、风雨兼程，她们的车费、食物全都依靠物物交换或者打工所得。

"逐鹿新西兰"中，最后的 4 名挑战者凭着机智与勇敢闯荡异域。4 名美女抽签分成两队，分别凭借一部全球定位仪，在最短的时间内到达指定的目的地。

体验自然的澎湃气势、体味竞争的惊心动魄，"生存挑战"展示的是一个自然与文化交相辉映、竞争与人性相互撞击的迷幻世界。

在澳大利亚维多利亚州，青少年普遍要参加富有挑战性的活动，提高户外生存的知识和技能，如搭建野外生活营地帐篷，在地形复杂的海湾中航行等。

美国得克萨斯州，青少年也在更多的户外教育活动中培养能力，如宿营、长途徒步旅行、定向、水上运动等。这些自主的培训，有效地锻炼了他们适应环境的能力、克服困难的能力以及积累生存的经验。

青少年朋友野营时，可参考以下建议：

要提前一星期就开始注意该地区的天气情况，由此决定携带哪些衣服和装备。地图、指南针、无线通信设备、水壶等是必备用品。

如果想携带帐篷，那就一定要检查好所带的装备，如背包、睡袋等。

生活用品应包括油、盐、铝制饭盒、折叠式炉灶、微型手电筒等。

一般药品有：抗生素、镇痛药、抗疟疾类药品等。

搭帐篷时要选一个平坦的地方。先扫去上面的石块和树枝，再铺上地毯。如果你觉得天气可能会下雨，可以在帐篷四周挖一条小沟以疏导积水。

食物可以简单一些，但要充足，并放在容器内，以防止动物偷吃。

水净化后再饮用或刷牙。

另外，应提前制订紧急计划，以防迷路。

　　将你的行程告诉其他人，并约定好在某些时间打电话，如果到时你没有打，他就会知道你出事了。

　　穿透气、防水的保暖衣物，如聚丙烯（易干、保暖）或羊毛衣物（不易干）。可以戴上手套、围巾和帽子，以保护手、头部和颈部。

　　随身带上引火之物，如蜡烛等，还可以带一些火柴和火柴皮。

　　如遇暴风雨，不要躲在树下或巨石下。

　　如果你不知道如何走回出发地，那就待在原地别动。

　　如果你想继续往前走，那就在身后留下痕迹，如拖着一根木棍。天黑时就不要往前走，因为看不清道路。

　　在背风处的高地找一个休息的地方，如洞穴、空心树洞、岩石等。记住，寒风会降低体温。要了解风向——山谷里白天风向上吹，夜晚风则向下吹。

　　国际求救信号包括3种：呼喊、哨声和烟柱。准备好3堆木柴，如果听到救援人员的声音就点着；也可以用镜子或任何反光板对着飞机发信号。

　　用火问题：出行时要携带一个以上火源，例如，打火机、防水火柴等。有条件最好携带野营气炉、气罐。从环保的角度，如非必须，勿生篝火。在营地生火时要留意营地是否是禁火区，如非生存需要请勿违规。要注意风向，不要把火堆放在帐篷的上风处，并与帐篷保持一定距离；离开时用水和土石压盖将火彻底熄灭，并检查是否还冒烟。

　　用水问题：可在营区附近的溪瀑、江河、湖塘取水，但最好要取流动之水，要观察其污染情况。提示：缺水地区饮水要按计划分配饮用。除特殊情况外，在找到水源前绝不要把水饮尽；野外取水后，有条件务必使水煮沸后（煮沸5分钟）再饮用；水中有大量泥沙时要使水沉淀10分钟以上；蚂蟥多的地区水一定要煮沸后饮用；有条件可以带过滤器和净水药片以替代无法使用加热的情况；如在缺水地区长时间活动，应学习其他野外采水方法。

漂流，与风浪搏击

青少年朋友，想象一下，在险而长的峡谷中，在蜿蜒流动的河上，乘着橡皮艇顺流而下，天高水长，阳光普照，四面青山环绕，漂流期间，迎面而来的是巨大的刺激、惊险，与自然搏斗的豪迈，历经艰险后的轻松、满足……

漂流起源于爱斯基摩人的皮船和中国的竹木筏。它成为一项真正的户外运动，是在第二次世界大战之后才开始发展起来的，一些喜欢户外活动的人尝试着把退役的充气橡皮艇作为漂流工具，逐渐演变成今天的水上漂流运动。

今天，漂流运动以其特有的运动形式成为现代人们融入自然、挑战自然的工具。激流皮划艇、障碍回旋、激流马拉松、漂流、皮艇球项目应运而生，这些项目的出现立即得到了人们热烈的追求，更为热衷户外运动的年轻人所喜爱。

1. 漂流的实用装备

救生衣：以轻便舒适为宜。

漂流靴和胶靴垫能充分保暖，同时耐磨的靴底能使脚在岩石地上得到保护。

戴格尔转转船：适于旋转、冲浪和空翻。

艾尔爱斯基摩式可充气筏子：有助于克服空气阻力，加快船速及增强破浪感。小筏子重量轻，便于携带。

沃纳交叉桨：这种易于储藏的拆装式船桨，无论在惊险的激流中还是在悠闲的湖面上都能提供足够的动力。

NSR 爱斯基摩式可充气筏子：对于初学者最适合，它在水中稳定性极佳，在洞中和浪峰上反应敏捷。

另外，有防水上衣、漂流手套、背包、水上运动头盔、收口包等。

2. 中国十大漂流景点

沙坡头（宁夏—银川）、岷江漂流（四川—汶川）、马岭河（贵州—兴义）、茅岩河漂流（湖南—张家界）、小三峡（重庆）、九畹溪漂流（湖北—宜昌）、楠溪江（浙江—温州）、资江（广西—桂林）、山东地下大峡谷激情漂流（山东—沂水）、万泉河漂流（海南—烟园）。

3. 漂流分类

大致可分为探索、发现类的漂流和旅游、娱乐类的漂流。前者包含有人文、地理等综合的科学考察，资源、风光的发现，以及极限运动；后者却是在前者的基础上得以论证，选择适宜的河段，以经营为目的的商业性漂流。商业性漂流又分有不同的难度等级，有惊险刺激的探险，也有娱乐消遣的水上旅行。但几乎所有的漂流目的都不是单一的，在不同的河段中，可以体验到不同的地貌、地域、文化……比如说，美国的科罗拉多大峡谷漂流，除了感受水上惊涛骇浪的刺激，还可领略大峡谷独特的风光。秘鲁的可卡河峡谷，没有一点绿色植物，但可以感受到在黄褐色的泥浆中漂流的刺激。智利南部的河流，被青山绿水环绕，阳光普照，漂流其中，是一种轻松的享受。非洲赞比亚、坦桑尼亚的漂流，就是在天然原始的野生世界里穿行，每天都能近距离接触到各种野生动、植物。而中国的青藏高原，不仅有很多气势恢弘的河流，神秘的藏族文化也非常引人入胜。

4. 漂流安全要点

漂流船经过险滩时要听从船工的指挥，不要随便乱动，应紧抓安全绳，收紧双脚，身体向船体中央倾斜。

在漂流的过程中要注意沿途的箭头及标语，它可以帮助你找主水道及提早警觉跌水区。

若遇翻船，不要过于慌张，要冷静沉着，因为有救生衣的保护。

不要随便下船游泳，即使游泳也应按照船工的意见在平静的水面游，不得远离船体独立行动。

在下急流时，艇具要与艇身保持平衡，并抓住艇身内侧的扶手带，后面一位身子略向后倾，双人保证艇身平衡并与河道平行，顺流而下。

当艇在受卡时不能着急站起，应稳住艇身，找好落脚点才能站起，以保证人不被艇带下而冲走。当误入其他水道被卡或搁浅时，要站立下艇，找到较深处时再上艇，不能在艇上左右挪动。

冲浪，碧波中的飞翔

想象一下，在凉爽的碧波之间，你如同飞鱼一般穿梭，海风、海鸥、海浪伴你前行，刺激、欢乐充满全身……

冲浪是生活在汪洋大海中的夏威夷土著的发明。早在1778年，著名的英国探险家库克船长在他第三次环球航海中发现了夏威夷群岛，就曾见过当地居民有这种活动。1908年后冲浪运动传到欧美一些国家，1960年后传到亚洲。此后冲浪运动有较大发展。冲浪是一种能淋漓尽致地展现人类体能与美感的休闲活动。它装备简单、技巧易学，只要一张冲浪板，便可尽情享受驰骋海上、踏浪踢波的快感，为追寻生活乐趣的人们提供了又一刺激人心的花招。

冲浪运动曾创造了许多令人难以置信的奇迹。1986年年初，两名法国运动员庇隆和皮夏凡，脚踩冲浪板，从非洲西部的塞内加尔出发，横渡大西洋，二月下旬到达中美洲的法属德罗普岛，历时24天12小时。

1. 冲浪装备

（1）冲浪板

它是冲浪运动过程中最重要的装备之一，一般分为长板、中板和短板。

（2）舵

冲浪板要配合舵来使用，以调整方向。舵一般分为单片、两片、三片、四片或五片，通常用的都是三片的舵。

（3）冲浪板背袋

冲浪板容易损坏，所以要用一个冲浪板背袋来保护冲浪板。一般的板背袋分两种，单片或双片装的日用袋及至六片装的旅行袋。

（4）冲浪衣

冲浪衣分为夏季用和冬季用两种。夏季用一般起到防晒防磨的作用，还可起到防水母的作用。冬季用冲浪衣主要起到保暖的作用。冲浪衣有长短袖之分，短的比较方便，长的则更加防晒防寒。

（5）脚绳

从事冲浪运动时，脚绳连接冲浪板和冲浪者的身体，当你落水时，可以借由它找回你的冲浪板。脚绳一般比冲浪板稍长，粗细根据浪的大小有所不同。它非常重要，又被叫作"救命绳"。

（6）蜡块

将蜡打在冲浪板上，是为了要增加板身的摩擦力，这样你站在板上就更稳。

（7）防滑垫

在冲浪板的尾部贴一块防滑垫，这样就利于你站得更稳，动作做得更漂亮。

2. 冲浪需知

（1）冲浪板毫无动力，更无操舵盘，因此要想随心所欲地驾驭冲浪运动，参与者必须具备出色、灵敏的平衡能力。

（2）冲浪运动借助水波顺滑斜坡而得到强大的动力，由于水波是动态推进的，因此冲浪者要进行有规则的动作变换。

（3）要想成为专业冲浪者，掌握海洋与气象学知识，确切了解海浪的形态与形式、海浪与气象变化的关系等知识必不可少。

（4）不但要成为冲浪运动的最佳诠释者，还要在体验中操练自己、培养冒险精神、增进强健体魄，确认自救救人的信念与技巧。

3. 冲浪技巧

（1）人身冲浪

冲浪运动通常是从人身冲浪的训练开始的。人身冲浪，就是冲浪者先游泳离开海岸去等待大浪，当大浪冲向海岸时，就以侧泳游向海岸。当游到浪峰上时，把脸朝下，背部拱起来，并把手放在腿的旁边，这样海浪就会把人冲向岸边，海浪消失，冲浪者就把两手张开以减慢速度，这种冲浪感觉训练以及平衡感训练在冲浪板冲浪中是相当重要的。

（2）利用冲浪板

利用冲浪板冲浪时，需要把腹部趴在冲浪板上，然后划到海浪成型的地方。当大浪开始冲向岸边时，冲浪选手就奋力划到海浪的前面，在海浪开始把冲浪板冲向海边时，迅速站立起来，一脚在前，一脚在后，以改变身体的重心来驾驭冲浪板横过波面。优秀的冲浪选手可以移动自己的重心到冲浪板的前端，但大部分人都是站在中央或者后面部分来控制方向。通常一个大浪能把冲浪者冲到岸边沙滩上，有技巧的冲浪者一般都不会直直地朝岸边前进，他们通常都和海岸线形成某个角度进行，也就是斜着向岸边冲过来，这样冲浪的距离就可以加长，有时他们可以时速55公里以上的速度冲过400米以上的距离。

蹦极，勇敢者的游戏

　　青少年朋友，如果你喜欢追求刺激，勇于冒险，而且胆子够大，那么就来尝试目前户外活动中刺激度排行榜名列榜首的"蹦极"吧！

　　"蹦极"指跳跃者站在约 40 米以上（相当于 10 层楼高）高度的桥梁、塔顶、高楼、吊车甚至热气球上，把一端固定的一根长长的橡皮条绑在踝关节处然后两臂伸开，双腿并拢，头朝下跳下去。绑在跳跃者踝部的橡皮条很长，足以使跳跃者在空中享受几秒钟的"自由落体"。当人体落到离地面一定距离时，橡皮绳被拉开、绷紧，阻止人体继续下落，当到达最低点时，橡皮绳再次弹起，人被拉起，随后又落下，这样反复多次直到橡皮绳的弹性消失为止。

　　它以其新颖刺激和极富挑战性而吸引了各地的勇敢者。蹦极的原动力，是人们试图找寻在万无一失的情况下与死神交臂的感觉，是对恐惧的最好挑战。

　　弹跳时每小时超过 55 公里的速度，这是最恐怖、最惊险且最刺激的感觉，就好比是向死亡之神挑战，尤其是百分之八十反弹的感觉最为过瘾，反弹大约 4~5 次，弹跳过程约 5 秒钟，这将是你一生中最长的 5 秒钟。

　　1. 蹦极玩法

　　（1）绑腰前扑式

　　此跳法为绑腰站于跳台上面前扑的跃下方式。此跳法为弹跳初学者对第一个基本动作做的另一种尝试。此种跳法近似于绑腰后跃式，但此时弹跳者为面朝下，能真正感受到视觉上的恐怖，当弹跳绳停止时能真正享受重生的欣喜。

　　（2）绑脚高空跳水式

　　此跳法为弹跳者表现英姿最酷的跳法。将装备绑于脚踝上，弹跳者站于跳台上面朝下，状若奥运跳水选手，弹跳者于倒数5，4，3，2，1后即展开双臂，向下俯冲，似扑向水中游鱼之雄鹰，气概非凡。

（3）绑腰后跃式

此跳法为绑腰站于跳台上采用后跃的方式跳下。此跳法为弹跳初学者之第一个规定基本动作，弹跳时仿佛掉入无底洞，整个心脏都跳出来的样子，3秒钟后突然往上反弹，反弹持续4~5次。

（4）绑脚后空翻式

此种跳法是弹跳诸法中难度最大但也最神气的一种。将装备绑于脚踝上，弹跳者站于跳台上背朝后，弹跳者于倒数5，4，3，2，1后即展开双臂，向后空翻。此种跳法需强壮的腰力及十足的勇气，若你认为你的胆识超人，不妨在体验过绑腰、绑脚弹跳后，向自己的勇气挑战。

2. 蹦极装备

蹦极是一项非常刺激的运动，其危险性自然很高，所以蹦极装备显得异常重要。青少年在跳跃前一定要仔细检查如下几种装备：

（1）弹跳绳

一般蹦极地点都有专业弹跳绳，其设计均参照人体下降速度及反弹高度提高安全系数。目前新式弹跳绳都有安全绳的后备系统，采用"双保险"。

（2）扣环

扣环的作用在于连接弹跳绳与弹跳者的重要环节，一般采用纯钢制品扣环，每个安全钢扣环都能承受约4772公斤的重量。

（3）绑腰装备

进行前跳式蹦极或后跃式蹦极时采用的装备，可将蹦极者腰部固定于弹跳绳一端。

（4）绑脚装备

自由式蹦极的装备，用于捆绑脚踝。

（5）绑背装备

进行前跳及花式跳法时使用的工具，用来保护背部和平衡身体。

（6）抱枕

蹦极时抱在怀中用来平衡身体，也可消除紧张感。

3. 蹦极要求

（1）蹦极对身体素质要求较高，凡是有心、脑病史的人不能参加。

（2）凡是深度近视者要慎重，因为蹦极跳下时头朝下，人身体以 9.8 米/秒² 的加速度下坠，很容易使脑部充血而造成视网膜脱落。

（3）跳下前应充分活动身体各部位，以防扭伤或拉伤。

（4）着装要尽量简练、合身，不要穿易飞散或兜风的衣物。

（5）跳出后要注意控制身体，不要让脖子或胳膊被弹索卷到。

漫游海底世界

青少年朋友，你读过引人入迷的《海底两万里》吧？你参观过美丽的海洋馆吧？有一天，你也可以漫游海底，与珊瑚共舞，与鱼儿散步……

海洋约占地球表面的3/4，海水量达到140亿立方千米，平均深度有3700米。大洋错综复杂的食物网养育了种类繁多的海洋生物，它比陆地上的任何生态系统都要复杂得多。从生活在海底火山口边的吃硫黄的微生物和细菌，到各种深海鱼类……那里一定潜藏着许多难以预料的秘密，仅凭"探询未知世界"这一点，我们就应该漫游海底，发现奇迹。

目前人类已经成功登上地球上最高的珠穆朗玛峰，到达月球和宇宙空间旅行。而对这个星球上唯一没有征服的地方就是海底世界。

多年来，世界各国都在加紧研究和开发海洋资源，所以对海洋的探测理论研究、探测技术开发都不遗余力。在探测海底事业中，美国、日本、法国等国的科学家们工作最出色。1996年，一条名叫"深飞1号"的深海探测船在美国加利福尼亚中部的海岸城市蒙特里下水。它长4米，重1315千克。这条探测船比潜艇行动还灵敏，能做特技飞行、与快速游动的鲸群赛跑、垂直跳出水面。驾驶人员可以从舱中看到舱外的一切。

海底探测为人类最终漫游海底世界提供了广阔的想象空间。

请你这样想一想：

大海之下，是一个无声的世界，潜入其间，失去语言，失去听觉，唯有呼吸调节器发出的"咝咝"声。在这个失语的世界里，思维却是处于兴奋状态的，那些从眼前自由摆动、肆意游走的鱼儿，那些绚烂的海底颜色……潜水，能带我们到一个神奇的海底世界。

　　海南三亚市东北部的蜈支洲岛海水清澈透明，能见度极高，可深达27米，据专家称超过美国夏威夷。一位在此潜水的朋友这样描述他的旅程：

　　软软的海葵，色彩斑斓的小丑鱼，竖着"长剑"的海胆，胖乎乎的海参、龙虾及五颜六色的热带鱼，还有各种不同类型的珊瑚。这是一个寂静但绝不沉闷的世界：你只能听到呼吸器发出"噗噗"的声音，不时从你身边滑过的不知名的小鱼，让你感到一阵阵的惊喜。

　　夜间潜水感觉很特别，戴着潜水头灯，拿着潜水电筒跃入海中，动物明显比白天多了。长长的马鞭鱼横在海底睡着了，大龙虾伏在珊瑚上捕捉着美食，三点蟹、夜光螺、梭子蟹静静地爬在珊瑚礁上，还有许多珍贵的鱼种，如青衣、黑鲳等。

　　青少年朋友，你是否有些许心动了？更美妙的还在后面呢！

　　世界最美丽的珊瑚礁大概就属巴布亚新几内亚了！说这里是潜水的天堂一点都不过分，因为在海蓝色的水下，有一个美丽的珊瑚王国。

　　巴布亚新几内亚独立国，位于太平洋西南部，居于从东南亚延伸过来的岛链的中部，距澳大利亚北部160公里。领土包括新几内亚岛的东半部及俾斯麦群岛、布干维尔岛等600多个大小岛屿。

　　巴布亚新几内亚的珊瑚礁从印度尼西亚南方一路延伸到菲律宾北方。相较于加勒比海，这里的鱼群与珊瑚种类更加缤纷多样，总数更是加勒比海的二倍之多，尤其是在乌鲁鲁岛附近的礁脉更是绝佳的潜水区域；紫色的、红色的鱼群盘旋在珊瑚四周觅食；偶尔，动作敏捷的鲨鱼快速扫过，这些娇小的鱼群就迅速散开，躲进礁脉之中；如果你运气好的话，还有机会潜到壁上挂满黑色珊瑚的洞穴中。如此活跃的海底世界，真是令人叹为观止。

　　世界上大部分的珊瑚礁都遭受到严重的污染，约有10%已经被破坏，25%～40%受到损害。而这里，少了人类的足迹，却让海底生态得以保存……

　　在巴布亚新几内亚岛的四周，清澈的海水世界里，孕育着另一个不为人知的神秘世界。在这里，有成群的热带鱼穿梭悠游着；在这里，有珊瑚礁构成的瑰丽花园；在这里，有个如天堂般的海底桃花源正盛装等待着与你的邀约……

1. 潜水必备装置

面镜、蛙鞋。

呼吸管供潜水员在水面休息或流动时使用，以节省气瓶中的空气。

浮力调整装置可在任何深度都保持中性浮力。

水肺气瓶供水中呼吸之用。

呼吸调节器将水肺气瓶内的空气调整到可用的程度。

综合仪表将时间、深度、方向、温度及空气供应量综合在一起，起到一目了然的作用。

潜水衣保持身体温度，并防止碰伤及擦伤。

2. 潜水需知

（1）下海前必须学习包括呼吸管和调节器的使用方法、水面休息方法、紧急情况处理等。

（2）身体及精神均需处在最好的状态。

（3）务必检查装备情况，状况良好方可使用。

（4）遵守潜伴制，避免单独潜水。

（5）入水的姿势

正面直立跳水——水深需在 1.5 米以上，双脚前后开立，一手按住面罩，一手按空气筒背带。

背向坐姿入水——面向里坐于船帮上，向后仰面入水。

正面坐姿入水——初学者使用。

侧身入水——在橡皮艇上俯卧滚身入水。

（6）潜降：用浮力调节器，配合配重带，头上脚下的潜降。

上升：将上升速度控制在每分钟 18 米以内，简单说就是不要超过自己呼出气泡的上升速度；不要停止呼吸；上升时抬头看水面，可以伸出右手指定方向，注意背后，身体缓缓自转；水肺潜水过程中不要屏气；勿使用耳塞，在耳内感到疼痛前，须使耳压平衡。

（7）遵守潜水深度限制，尽量避免深度超过 30 米（100 英尺），绝不可超过 39 米水深。

第七章

积淀厚重的情感

为父母按摩、洗脚

"谁言寸草心，报得三春晖？"这是每一位青少年都能倒背如流的诗句。然而，生活中，又有多少人记得父母的生日，为父母干些家务，替父母捶捶背、按摩、洗脚？

一位名牌大学毕业生应聘于一家大公司。经理审视着他的脸，出乎意料地问："你替父母擦过身或洗过脚吗？""从来没有过。"青年很老实地回答。"那么，你替父母捶过背吗？"青年想了想："有过，那是在我读小学的时候，那次母亲还给了我10元钱。"

在如此的询问中，经理只是安慰他别灰心，会有希望的。青年临走时，经理突然对他说："明天这个时候，请你再来一次。不过有一个条件，刚才你说从来没有替父母擦过身，明天来这里之前，希望你一定要为父母擦一次。能做到吗？"这是经理的吩咐，因此青年一口答应。

青年虽大学毕业，但家境贫寒。他刚出生不久，父亲便去世。从此，母亲给人做杂工拼命挣钱。孩子渐渐长大，读书成绩优异，考进了名牌大学。学费虽令人生畏，但母亲毫无怨言，继续打杂工供他上学。

现在，母亲还在做着杂工。青年到家时母亲还没有回来。母亲出门在外，脚一定很脏，他决定替母亲洗脚。母亲回来后，见儿子要替她洗脚，感到很惊奇："脚，我还洗得动，我自己来洗吧。"于是青年将自己必须替母亲洗脚的原委一说，母亲很理解，便按儿子的要求坐下，把脚伸进儿子端来的水盆里。

青年把毛巾搭在肩上，左手小心翼翼地去握母亲的脚，他这才发现，母亲的那双脚已经像木棒一样僵硬，他不由得搂着母亲的脚潸然泪下。读书时，他心安理得地花着母亲如期送来的学费和零花钱，现在他才知道，那些钱是母亲的血汗钱。

第二天上午，青年如约到了那家公司，对经理说："现在我才知道母亲为了我受了很大的苦，您使我明白了在学校里没有学过的道理，谢谢经理。如果不是您，我还从来没有握过母亲的脚。我只有母亲一个亲人，我要照顾好母亲，再不能让她受苦了。"

经理点了点头，说："你明天到公司上班吧。"

这个故事很值得我们去深思。

中国自古讲求孝道，孔子言："父母之年，不可不知也。一则以喜，一则以惧。"也就是讲，父母的身体健康，儿女应时刻挂念在心。

十几年、二十几年以前，我们的父母用泪水和幸福的笑容迎接我们来到这个世界，从那一刻起，他们多了一项繁重的工作——照顾我们。

尽管这是一种沉重的负担，他们却始终毫无怨言、尽心尽力地抚养我们长大。

父母对子女珍爱如自己的生命，问寒问暖，无微不至。儿女的生日，最先为他们祝福的是父母。我们是否扪心自问过：我们对父母的挂念又有多少呢？是否留意过父母的生日？民间有谚语：儿生日，娘苦日。当为自己生日庆贺时，你是否想到过曾经用死亡般的痛苦换取你生命的母亲呢？是否曾给孕育你生命的母亲一声祝福呢？或许一声祝福对自己算不了什么，但对父母来说，这声祝福比什么都美好，都难忘，都足以使他们热泪盈眶！

正如圣哲所言：孝悌也者，其为人之本也。

现在，我们长大了，应该怀着一颗感恩的心去体谅父母，应该担当起照顾、孝敬父母的责任。

给下班的父母拿拖鞋，递上一杯热茶；给劳累了一天的父母按摩、洗洗脚、捶捶背；烧一道自己会做的小菜；为父母做一些力所能及的家务，减轻父母的负担；等等。

　　在父母工作压力很大、心情烦闷的时候，想办法让父母开心；平时不要惹父母生气，听他们的话，在意见发生分歧的时候，敢于牺牲自己的"道理"，尊重父母的想法。

　　记住父母的生日，并在当天向他们问候。

多和父母谈谈心，消除代沟

　　李进自从上了高中，渐渐发现和父母没有共同话题了。李进的父母只有初中学历，他说："我老爸、老妈连怎么上网都不知道，居然以为电子邮件要到邮局去收。整天只知道叫我多吃点，多穿件衣服，我真遇到什么问题，比方学习上的，却一点都帮不上忙。我真不知要说他们什么好。"

　　而小壮说起和父母沟通的事情，就觉得很头疼，他一脸埋怨地说："老妈太八卦了，我的什么事都要知道，经常打电话给老师不说，还成天向同学打探我的事，查看家里的电话记录，搞得我一点隐私都没有了。老妈这么有'办法'，还需要我跟她说什么呢?"

　　随着年龄的增长和自我意识、独立意识的增强，很多青少年与父母之间经常会产生意见不一致的情况，对事物的看法也存在很多明显的分歧，甚至于出现极大的矛盾和隔阂，在不经意间出现抵触和反叛情绪，经常牢骚满腹、怨气冲天——

　　"我不爱和我爸妈讲话，他们什么也不懂，还整天啰啰唆唆的，真是烦死我了!"

　　"我和爸妈很难好好沟通，说不到两句话就会吵架!"

　　"妈妈不说话还好，若她说话我便会觉得很烦!"

　　你是否有过同样的感受? 是否也曾因父母的喋喋不休而烦躁? 是否也曾因父母的过分约束而气愤?

　　其实，父母是爱护我们的，我们也是尊敬父母的，可为什么还会出现以上这些情况呢?

　　如果我们静下心来仔细思考就会发现，问题主要在于我们和父母之间太缺乏经常而有效的沟通。人与人相处是需要沟通的，和父母也是一样，每天花一小时时间和父母聊天，足以拉近我们两代人之间的距离。

如果我们能抽出点时间来理解父母，听听他们的想法，将会出现两种难以置信的结果：首先，我们会得到父母更多的尊重。其次，多了解他们，听听他们的想法，我们的想法和做法也就更有可能得到他们的理解和同意。因为如果他们认为你理解他们，他们也更愿意听听你的想法，也会更相信你。

尽管我们感到自己长大了，已经有足够的能力自作主张，但实际上还有许多事情是我们这个年龄无法把握的。而父母经历过的事情很多，可以给我们不少宝贵的人生经验。那么，如何去与他们沟通，更好地理解他们呢？

我们要尝试站在他们的立场，从他们的观点，而不是自己的观点出发考虑问题。

当然，和父母聊天同样要诚心诚意，投入一定的时间和精力，这也有助于我们学会理解、关心别人。

理解是双方面的，你既要求父母理解自己：理解你的学习目标，理解你放松一下是为了更轻松地学习，理解友情可以增强快乐，理解一张一弛是文武之道，学习劳逸结合才有效果。同样地，你应该理解父母：理解父母望子成龙心切，理解他们看到了将来的社会是一个高科技的信息社会，面对强烈的社会竞争他们要你提高竞争力的用心良苦。须知，天下的父母没有一个不巴望自己的儿女好的。所以，你要尽早抽个时间与父母真心交流，告诉他们你的实际感受，也许你父母会因此对自己的教育方式进行一些调整，你也不会再喘不过气来。

总之，当你与父母的观点与做法有分歧时，在要求他们理解尊重你时，你也要同父母进行心理换位，理解并尊重父母，这样才能加强两代人之间的沟通和理解，填平两代人之间的代沟。如果你觉得与父母直接谈论有点难为情，你不妨将你的建议以文字形式让你父母看一下，或许对加深你们之间的理解有一点帮助。

青少年朋友与父母交流谈心时，应做到以下几点：

（1）与父母主动进行交流，高兴的事，烦心的事，老师、同学、校园里的新鲜事都可以和父母说一说，听听他们的意见。

（2）认真倾听。我们是否有过这样的心情："父母说的什么呀?"满心的不服气，眼睛里是厌倦的目光。这可不行！父母批评你的时候，先不要忙着反驳，应试着听听父母的想法，说不定你很快就能体会父母的苦心。

（3）善于体谅。父母一定有错怪你的时候，就像你有时也会误解他们一样。虽然你特别委屈，可争辩也没有多大的用处，多多体谅为上。

（4）遇事多和父母探讨。和父母共同讨论、达成协议，会让许多事情变得简单起来。比如家里买了电脑，父母担心你玩物丧志、影响学习，你却要坚持每天上网。对这样的问题如能加以讨论，就玩电脑的时间和学业的平衡达成协议，问题就会很好解决。

（5）学会控制情绪。避免顶嘴、发脾气，最好的办法是：多做几个深呼吸、离开一会儿、用冷水洗洗脸。要知道，在发怒的情况下，任何事情都无法圆满解决。

（6）学会道歉。你现在可能认为自己是个大人了，也开始顾及起自己的面子来。这本没错，但是如果你明知道自己错了还不肯"服软"，这就是错了。所以，如果错了，就不要逃避，更不能对父母"沉默是金"。只要主动道歉，你很快会得到父母的谅解。

做一件令父母惊喜的事

青少年朋友，你有没有用心做过一件事，令父母欣慰、惊喜？

2004年，各大报纸曾刊载过题为《辛酸父亲的一封信》一文：

"亲爱的儿子：尽管你伤透了我的心，但你终究是我的儿子。自从你考上大学，成为我们家几代里出的唯一的大学生之后，心里已分不清咱俩谁是谁的儿子了。从扛着行李陪你去大学报到，到挂蚊帐缝被子、买饭菜票，甚至教你挤牙膏，这一切，在你看来是天经地义的，你甚至感觉你这个不争气的老爸给你这位争气的大学生儿子服务，是一件特沾光、特荣耀的事。

"的确，你考上大学，你爸妈确实为你骄傲……这也就是我们以你为荣的原因。然而，你的骄傲是不可理喻的。在你读大学的第一学期，我们收到过你的3封信，加起来比一份电报长不了多少，言简意赅，主题鲜明，通篇字迹潦草，只一个'钱'字特别工整而且清晰……

"当时，正值你妈下岗，而你爸微薄的工资，显然不够你出入卡拉OK酒吧餐厅。在这样的状况下，你不仅没有半句安慰，居然破天荒来了一封长信，大谈别人的老爸、老妈如何大方。你给我和你妈心上戳了重重一刀，还撒了一把盐。最令我伤心的是，今年暑假，你居然偷改入学收费通知，虚报学费……

"不知在大学里，你除了增加文化知识和社交阅历之外，能否长一丁点善良的心？"

这是山西老区一位"辛酸父亲"在痛陈儿子不知感恩时写的一封信。

故事令人心痛，震惊。它极具普遍性、代表性，反映了当今部分青少年缺乏爱心、孝心、良知和责任感的大问题。

生活中，爱父母，也并非华丽动人的语言，它需要真实的行动。

从前有位母亲，她有7个女儿。有一次母亲因事到一位远方亲戚家住了数天才回来。当母亲走进家门时，女儿们十分亲切地围了上去。

大女儿说："我思念您，就像种子盼望阳光一样。"

二女儿说："我等您，就像干旱的土地盼望甘霖一样。"

老三说："我想您都想得哭了，就像幼小的雏鹰想念老鹰一样。"

四女儿抢着说："没有您，我感到非常痛苦，就像蜜蜂没有花儿一样。"

老五低声说："我梦见了您，就像玫瑰花梦见露珠一样。"

"我望眼欲穿地张望您，就像樱桃园张望夜莺一般。"六女儿说道。

只有小女儿什么也没说，她为母亲脱下靴子，并为她端来一盆洗脚水。

大家肯定知道，小女儿最孝敬母亲。孝敬父母不能停留在口头上，而必须体现在行动中。一个行动，哪怕是一个微不足道的行动，也比那些美丽动听的夸夸其谈强千百倍。所以，要想做个真正有孝心的孩子，青少年要做到：自觉多做家务，体会父母劳动艰辛；父母有病勤问候，多照料，尽孝心；生活节俭，所提要求适当；学习努力，少让父母操心。

有位母亲曾写过这样一个温馨的故事：

刚吃过晚饭，我正在厨房里忙着。女儿不时形迹诡异地出入儿子的房间。不一会儿，房间里传来儿子不耐烦的抱怨声：

"讨厌，人家还要做功课呢，一直问，一直问，去问妈妈呀。"

我正忙着收拾碗筷，听到了女儿细声细气地说："不行啊，这件事情绝对不可以让妈妈知道。"

我心里纳闷，也没工夫去问。等我全部忙完了，正坐在书桌前看报的时候，女儿两手背在身后，笑眯眯地走了进来，然后甜蜜地说："妈妈，明天就是你的生日了，我做了一个算命袋送给你，你可以用它来算算你以后过得好不好。"

然后，她递过来一个厚纸板做成的有把手的袋子。袋子上画有各色小花朵，由红色彩笔写着大大的"算命袋"3个字，袋里有5支折叠起来的纸签，女儿兴奋地怂恿我：

"你抽抽看嘛,看看运气好不好?"

我闭上眼睛,抽了一支,拆开来,上面写着:"你以后会有一个很体贴的丈夫。"

女儿满心期待地等着我的反应如何,于是我故作惊喜地欢呼,表示这正是我一生中最期待的事。女儿于是又眨了眨眼示意我再抽一支签:"说不定还有另外的好运气哦。"

于是我一张张地打开:

"你将来会有一幢有院子的房子。"

"你会永远年轻美丽,并且永远都不会发胖。"

"你会活到很老、很老。"

拆开最后一张时,我的眼睛蓦地湿热起来,上面写着:"你的女儿以后一定会非常孝顺你。等你老的时候,如果牙齿全掉光了,她会用小火 áo 稀饭给你吃。"

女儿害羞地补充: "áo 怎么写,哥哥不告诉我,所以只好用拼音。"

故事很温馨,也很动人。女儿的孝心,相信这位母亲一生也无法忘却。她会时常幸福地回忆起打开算命袋时的惊喜。

生活中,在父母生日时送上用心挑选的礼物,离家时寄一张自己画的贺卡,用零花钱、第一笔收入为父母买件衣服或安排短途旅游,向单位请假陪父母几天……

做一件令父母惊喜的事,让人生更快乐、更美满吧!

交一二知己

人生在世，谁都离不开朋友、知己。欢则把盏同笑，悲则分担勉励。古人说："黄金万两容易得，知己一个也难求。"可见知己之可贵。

北宋时，当诗人秦观一听到苏轼因乌台诗案下狱，立刻渡江赶到吴兴去问询。苏轼被贬黄州，秦观托人带去书信及自己的诗作，苏轼立即写了回信。后来秦观受苏轼连累，也遭贬斥。两人就在各自的贬地诗书往来，互相劝勉。这期间，两人在海康相会过一次，秦观拿出自作的挽词给苏轼看，苏轼抚着秦观的背，万分感慨地说："我常担心你未能参透生死之理，现在叫我怎么说呢？"秦观拿出自作的挽词，分明是说自己已经做好了最坏的打算，看破了生死大关，再没有什么可畏惧的了。对此，苏轼怎能不感慨万千。苏轼告诉秦观，自己也已写好了墓志铭，交给随从带着，没让儿子知道。当他们在一起谈笑歌咏，泰然做别的时候，他们在精神上已共同经历了一次生死的洗礼，而能以最坦然的心境去面对一切困厄，他们的友谊也由患难之交上升为生死之交。

歌德与席勒是德国文学史上的两颗巨星，又是一对良师益友。虽然歌德和席勒年龄差十几岁，两个人的身世和境遇也截然不同，但共同的志向让两人成了终身的知己。他们相识后，合作出版了文艺刊物《霍伦》，共同出版过讽刺诗集《克赛尼恩》。席勒不断鼓舞歌德的写作热情，歌德深情地对他说："你使我作为诗人而复活了。"在席勒的鼓舞下，歌德一气呵成，写出了叙事长诗《赫尔曼和窦绿蒂亚》，完成了名著《浮士德》第一部。这时，席勒也完成了他最后一部名著《威廉·退尔》。席勒死时，歌德说："如今我失去了朋友，所以我的存在也丧失了一半。"27 年后，歌德与世长辞，他的遗体和席勒葬在了一起。

人们为了纪念歌德和席勒以及追念他俩之间的友谊，竖立了一座两位伟人并肩而立的铜像。

这座铜像见证着他们的友谊，也告诉我们：人与人相互依靠、相互扶助时，所拥有的创作或者创造力量是成倍增长的。

总之，成功者的朋友通常很多，其中总有几个能够倾心相依的，关键时候能帮上忙的。有很多人善于结交新朋友，让自己所需要的那个生活圈子不断变大。有句歌词这样说："千金难买是朋友，朋友多了路好走。"有真心的朋友相伴，我们自然能在前进的道路上走得勇敢而又踏实。

那么，青少年朋友如何交友呢？

交朋友要真诚，不能只想从朋友那里获得点什么，更重要的是为朋友付出。你对朋友好，以真心换真心，这样你会取得朋友的信赖和帮助，你的朋友也就越来越多，这才是真正的交友之道。

明代苏浚将朋友分为四种："道义相砥，过失相规，畏友也；缓急可共，生死可托，密友也；甘言如饴，游戏征逐，昵友也；利则相合，患则相倾，贼友也。"因此，交友要选择，多交益友、畏友、密友，不交损友、昵友、贼友。"近朱者赤，近墨者黑。"这些古训都说明交友对一个人的思想、品德、学识会产生深刻的影响。清代冯班认为，朋友的影响比老师还大，因为这种影响是气习相染、潜移默化的，久而久之就不知不觉地受其影响。这就是《孔子家语》说的："与君子游，如入芝兰之室，久而不闻其香，则与之化矣。与小人游，如入鲍鱼之肆，久而不闻其臭，亦与之化矣。"涉世不深的青少年，尤应注意谨交友、慎择友的古训。在交友时要有知人之明，不要错把坏人当知己，受骗上当，甚至落入坏人的圈套而无法自拔。

交友有一个选择的过程。开始是结识和初交，在交往过程中互相了解以后，才由初交成为熟悉的朋友。朋友可能是暂时的，也可能是永久的。从学习、工作的需要出发，本着互惠互利、共同发展的原则，结交一些志同道合的朋友是有益的。如果不仅志同道合，而且感情深厚、心灵相通，这样就可以从合作共事的朋友变成生死相依、患难与共的知己。

交什么朋友，怎样交友，这是一个问题的两个方面。朋友有君子，有小人，交友也有君子之交和小人之交。君子之间的友谊平淡清纯，但真实亲密而能长久。小人的友谊浓烈甜蜜，但虚假多变，经不起时间的考验。

交友时，青少年朋友还可以尝试以下建议：

（1）针对一些你想认识的人，找一些共同的话题。朋友是终身的支柱，宁缺毋滥，千万不要找一些酒肉朋友，或不是真心和你交往的人。

（2）人的感情都是有反射性的。你若想别人对你和善，你要先对别人和善；你若想别人对你真心，你要先对人真心。

（3）让自己更平易近人，笑容是最欢迎的邀请。

（4）和人交流时，多听少说，听时专注对方所说的，让对方知道你在听，你在乎他。在适当的时间表达你的意见，你会很惊讶很多人都会很喜欢你。

（5）给自己一个目标，一星期要认识一个新朋友。

（6）如果一个人不理会你，那就找下一个人，你没有任何的损失。

（7）参加一些社团，经过社团的活动认识别人。

参加一场老友聚会

当你一个人翻旧照同学录时，你会深深地想念那些玩伴、好友吗？岁月虽已流逝，但曾经拥有的欢笑、真诚、关怀永远不会褪色。

关于朋友，有这样一个触人心灵的故事：

一个富翁，年轻时家里很穷。然而最使他难以忘怀的是小伙伴们对他无私、真诚的帮助和呵护。只要小伙伴手里有两块糖果，肯定就会有他的一块，伙伴手里有一个馍馍，那肯定有他的一半。

一眨眼20年过去了。此时，富翁步入中年。外出闯荡的他已今非昔比，20年的奔波劳碌，他一路风尘地走过来了，成为一个稳健、精明、魅力非凡的企业家。有一天，少小离家的他动了思乡之念，于是在一个艳阳高照的日子里，富翁回到家乡。

当日，他走遍全村，感谢叔伯大爷、兄弟姐妹这些年来对父母的照顾，并给每家送了一份礼品。夜里，富翁在自家的堂屋里摆桌请客，赴宴者全是当年的好友。

按那里的风俗，赴宴者都要带点礼品表示谢意。大家来的时候，都带着礼品，有的还很丰厚。富翁一一收下，准备宴席之后，请大家带回。

正在大家热热闹闹、布菜斟酒的时候，门开了，一个旧友走进门来，他的手里提着一瓶酒，连声说："对不起，我来晚了。"

大家都知道这个朋友日子过得很艰难，其情其境，一点儿不亚于富翁儿时。

富翁起身，接过朋友提来的酒，并把他拉到自己身边的座位上坐下，朋友的眼里闪过几丝不易觉察的慌乱。

富翁亲自把盏，他举着手里的酒瓶，说："今天，我们就先喝这一瓶酒，如何？"一边说，一边给大家一一倒满，然后他们一饮而尽。

"味道怎样?"富翁问。所有赴宴者面面相觑,默不作声。旧友更是面红耳赤,低下了头。

富翁瞧了一眼全场,沉吟片刻,慢慢地说:"这些年来,我走了很多地方,喝过各种各样的酒。但是,没有一种酒比今天的酒更好喝,更有味道,更让我感动……"说着,他站起身,拿起酒瓶,又一次给大家斟酒,"再干一杯!"

喝完之后,富翁的眼睛湿润了。朋友们也情难自抑,流泪了。

他们喝的分明是一瓶水!

故事感人至深。朋友之交淡如水,那其中的滋味,却比酒还要香醇、恒久。

5年?10年?我们与昔日好友、老同学分别多久了?每个人如空气般消融在都市的各个角落,为了工作、爱情、孩子,日复一日地忙碌。蓦然回首时,才惊觉与旧友们很少联系了。就像歌手姜育恒所唱的《有空来坐坐》那样:

朋友越来越多/但是寂寞并不因此而少一点/

屋子里如果没有朋友来/就感觉自己好像孤零零地站在十字路口一样/

窗外车水马龙/我的朋友们/想必也在里面穿梭不息吧/

而生活又不情愿只有一种感觉而已/上班只是另一种舞台/

平凡但真实的/当然寂寞并不代表空虚/在某些时候/避免不了的寂寞/

可以让自己赤裸裸地面对自己/想一想我曾经获得了什么?/失去了什么?/正在追求什么?/而答案/往往是在朋友来了之后/在开怀畅叙之间/浮印得更清晰/而心情/也往往在朋友走了之后/才莫名地安定下来/大家都忙吧/连彼此真诚地相互关怀一下也要抽个空/也许这就是我们共同的悲哀吧/朋友真的希望/有空来坐坐/

朋友/你是否还寂寞?/有什么伤心话还没有说?/

请你/有空来坐坐来坐坐/

朋友/明天要往哪走?/我们都把做梦的时间用得太久/没有空执着/没时间掌握/

一杯红茶/几句实话/胜过那穿肠烈酒/岁月不曾改变什么/只能够尽兴地生活/

朋友/烦恼是这么多/我们每个人都在承受/梦想是这么多/我们每个人都在追求/请你/有空来坐坐/有空来坐坐

它唱出了许多人的心声，悲、喜、无奈，种种滋味。

诗人、作家席慕容在参加同学会后，在文章中深情地写道：

多少年以前就已经相识了的人啊！少年时在一起习画的种种好像只不过是昨天的事，怎么一晃眼竟然就过了二十多年了呢？

当年那些十几岁的少年，在今夜的重逢里，在最起初的时候，几乎不能相认。然后，在短短的犹疑之后，我们都叫出了彼此的名字，在那重新相认的一刻里，二十多年前所有的那些记忆，都争先恐后地挤到我们的眼前来。

所以，我们才会那样忘形，那样争先恐后地，想要把我们心中的种种都在这刹那间说出来的吧。我所记得的他，他所记得的我，我们当年种种糊涂的快乐，在二十几年之后重新提起来，就会在所有人的心里渲染出一种如痴如醉的狂喜，记得的人赶快在旁边再加进一些细节，不记得的人就会不甘心地一直发问：

"什么时候？在哪里？我怎么都忘了？真的吗？我真的是那样吗？"

"再多说一点好吗？请你们再多说一点，再多告诉我一点，那些已经被我忘记了的，不再回来的岁月里曾有过的欢乐和悲伤，那些逐渐变远变暗的时光……"

朋友，找一日空闲吧，抛开一切俗务，让久已消逝的少年时光再度重现。为往事干杯的刹那，这份纯净的情感，是无法刻意寻得的。

与老友聚会时，青少年朋友需注意：

（1）要有一个简单的开场白，或创造氛围或沟通情感，应朴实、真切。

（2）可以搞一些热烈的活动，比如唱歌、跳舞等。

（3）交谈时，不可过分炫耀自己的成就，应谦逊、友好。

第八章

奉献温暖的爱心

时时向他人伸出关爱之手

有人说："爱和帮助不仅让别人快乐，也是让自己快乐起来的绝妙方法。"

1878 年冬天，一个衰弱不堪、嘴唇冻得发青的乞丐在街上拦住了匆匆经过的屠格涅夫。乞丐伸出一只通红的、肿胀的、肮脏的手，向作家乞讨。作家掏遍了身上所有的口袋，但什么都没找到。

他窘极了，便紧紧地握住乞丐颤抖的手："别见怪，兄弟，我身上一无所有。"乞丐也紧紧地握了握作家的手。"哪里的话，兄弟，"乞丐口齿不清地慢慢说道："就这也该谢谢您啦。这也是周济啊，老弟。"

后来，屠格涅夫在他的一篇文章中提到了这件事，他最后写道："我懂了，我也从我的兄弟那里得到了周济。"

可见，一个人在爱与被爱的过程中才真正体会到生命的意义。友善地对待别人，自己也将得到幸福、升华。

帮助别人，常常就是帮助自己。

第二次世界大战中的一天，欧洲盟军最高统帅艾森豪威尔乘车回总部，参加紧急军事会议。

那天大雪纷飞，天气极冷，车一路奔驰。忽然，他看到一对法国老夫妇坐在路边，冻得发抖。他立即命令身旁的翻译官下车去问问。一位参谋急忙说："我们得按时赶到总部开会，这种事还是留给当地的警方处理吧！"艾森豪威尔坚持说："等警方赶到，这对老夫妇可能早冻死了！"

原来，这对老夫妇是去巴黎投奔儿子，车抛锚了，前不着村后不着店，正不知如何是好。艾森豪威尔立即请他们上车，特地绕道将老夫妇送到巴黎，才赶回总部。

艾森豪威尔根本没想过行善图报，然而，他的善良得到了意想不到的回报。原来，那天德国纳粹狙击兵已预先埋伏在他们必经之路上，只等他的车一到就立刻实施暗杀行动。如果不是为帮助那对老夫妇而改变了行车路线，他恐怕很难躲过这场劫难。

一位哲学家一次问他的学生们："世界上最可爱的东西是什么?"学生们听了，便争先恐后地站起来回答。最后一个学生回答道："世界上最可爱的东西，是善。"那哲学家说："的确，你所说的'善'这个字中包含了他们所有的答案。因为善良的人，对于自己，他能够自安自足；对于别人，他则是一个良好的伴侣，可亲的朋友。"

善良、诚恳、坦率、慷慨，都是宝贵的财富，这种财富要比千万的家产有价值得多。而且有这种财富的人，没有一分钱的资本，也能作出伟大的事业。

如果一个人能够大彻大悟，尽力去为他人服务，他的生命将来也必定有惊人的发展。人生的美德再没有比和气、善良来得更宝贵的了。

给别人以帮助和鼓励，自己不但不会有损失，反而会有所收获。通常，一个人给别人的帮助和鼓励越多，从别人那儿得到的收获也就越多。而那种吝啬的人，对他人不表示同情、不给予帮助的人，无疑会使自己陷于孤独无助的境地。

青少年朋友，想一想，你可以在哪些方面表达你的一片爱心呢?

(1) 捐赠一笔经费给某个慈善机构表示肯定。

(2) 送一个小礼物给长辈表示敬意。

(3) 以无名氏的名义捐献一些钱给需要的人。

(4) 参加一些社会公益活动。

(5) 为街头艺人的琴声鼓掌。

(6) 主动维护社区的清洁……生活中处处有献爱的机会——当你肯行动时。

当一回志愿者

青少年朋友，你想为灾区、慈善工程、环保出一份力吗？那就马上行动，加入光荣的志愿者的行列吧！

志愿者是指不为物质报酬，基于良知、信念和责任，自愿为社会和他人提供服务和帮助的人。注册志愿者是指按照一定程序在团组织、志愿者组织注册登记、参加服务活动的志愿者。

注册志愿者应具备的基本条件：

（1）年满 14 周岁。

（2）具有奉献精神。

（3）具备与所参加的志愿服务项目及活动相适应的基本素质。

（4）根据自身愿望和条件至少选择一个志愿服务项目，从事一定时间的志愿服务工作。

（5）遵纪守法。

下面列举一些志愿活动：

1. 扶贫接力计划

教育、科技、医疗卫生。

2. 社区发展计划

一助一长期结对服务，教育、科技、文化、卫生"四进巷"活动社区电脑服务。

3. 保护母亲河行动

绿色行动营、临时性环保活动。

4. 健康救助计划

助老、助残、助幼。

5. "三下乡"活动

文化、科技、卫生。

6．抢险救灾

水灾、震灾、消防。

7．大型赛会服务

技能服务、体力服务。

8．志愿者组织管理

街道、社区服务站（队）管理。

9．其他公益机构

福利院、敬老院、慈善机构、医院图书馆、博物馆、纪念馆。

10．捐助

志愿者组织、志愿者服务项目、资金、物品。

无偿地献几次血

据报道，2001 年，湘潭大学的学生龙源提出，要用一种新的思维在校园里组织开展无偿献血活动，建立大学生自己的无偿献血者队伍，形成一个团队，合力奉献爱心。

2002 年 4 月，他和老师、同学正式创建了湖南第一个大学生"爱心血库"，半小时内就征集到志愿者 700 余人。"爱心血库"自创建以来，仅湘潭大学参与无偿献血的就达到了几千人次，为市医疗临床用血提供了重要保障。湘潭市医疗用血一度持续紧张，一患者接受肝脏移植手术所需的 O 型血液缺乏。湘潭大学"爱心血库"迅速启动，使一些患者安全渡过难关；2002 年 4 月底，湘潭市临床缺乏 A 型和 AB 型血，湘潭大学 60 多名青年志愿者挺身而出，成功解决难题；2003 年"非典"肆虐期间，北京缺血，龙源立即组织志愿者献血……

青少年朋友，当你献出一份鲜红的血液时，你是否欣喜、激动而忘却了疼痛和眩晕？

输血，是现代医学中经常用到的办法。因为接受了新鲜的血液而康复的病人不计其数。我们知道，人类还没有研究出可以用于医疗的人造血液，每一个得以救治的病人，都是依靠别人的血液。为了让更多的病人能从输血中获救，人们建立了完备的血库，以备不时之需。储备的血浆，来自千千万万的志愿献血者。

无偿献血是指为了他人生命，志愿将自己的血液无私奉献给社会公益事业，而献血者不向采血单位和献血者单位和献血者领取报酬。无偿献血是无私奉献、救死扶伤的崇高行为，是不以金钱为目的、奉献爱心的体现，是保证医疗安全用血的必由之路。只有以人道主义无私奉献而不是经济报酬为目的的无偿献血，才能从根本上消除有偿供血带来的各种弊病，血液质量才能得到保障，才能保护受血者的安全，才能最大限度地降低经血液传播疾病的危害。

作为一项利民利己的公益事业，每一个公民都要踊跃加入献血者的行列。如果能用自己的鲜血，使另一个人获得重生，这是一件多么幸福的事情啊！更何况天有不测风云，谁也不能保证自己有一天不会倒在病床上，接受别人血液的救治。如果真有这么一天，你是否会对为你献血的志愿者抱着一份感恩之情呢？

当人们献血后，会适度降低血液的黏稠度，从而使血流加快，脑血流也随之增加，供氧量加大，人会感到身体轻松，头脑清醒。

此外，美国堪萨斯大学医学中心心血管疾病研究小组对665名献过血的人和3000名未献过血的人进行的跟踪调查，结果发现在过去3年中，献过血的男子患心血管疾病的危险只有未献过血的人的1/2，患某些心血管疾病的危险只是后者的1/3。研究人员解释说，这一现象与体内铁元素的贮量减少有关。

无偿献血是国际卫生组织、国际红十字会推崇的献血形式。当前世界上很多国家已经做到了临床用血来自无偿献血，无偿献血已经成为衡量一个社会文明程度的标志。各国政府都十分重视和关心无偿献血，在美国，一个很流行的献血口号是"给您一个礼物，生命"。在美国人的心目中，献血是崇高的行动。1975年约旦首都安曼建立了一座中央血库，第一个来参加献血的是约旦国王侯赛因。日本1985年评出的最佳献血口号是"献血是爱，是勇气，是关怀"，目前，已被全世界各国血站采用。1997年3月菲律宾总统拉莫斯第41次参加无偿献血（每次250毫升），以此来作为他69岁生日的纪念。他常说：献血使他年轻20岁。在许多国家，公民献血后吃几块点心、喝杯饮料，就各自去干自己的工作，从不领取任何报酬，人们把献血看作是健康人对社会应尽的义务，是很普通的事。

青少年朋友献血时，需注意以下几点：

（1）应学习献血知识，了解献血常识，消除紧张心理。

（2）献血的前一天不要过度疲劳，最好洗个澡；献血前两餐不吃油腻食物、不饮酒；晚上不要饮食过量，但也不要空腹，可吃馒头、蔬菜等清淡食物；要有充足的睡眠。

（3）献血当天，思想要放松。

（4）献血后，要注意休息，保持良好的情绪，避免剧烈的活动，并且增加营养（如瘦肉、鸡蛋、动物肝等）和水分，有利于血液的恢复，但不应暴饮暴食。献血后为防止针眼感染，献血者要注意1~2天内不要让针眼处沾水，保持清洁。献血后当天不可参加剧烈运动或通宵娱乐活动。健康献血者间隔6个月之后方可参加下次义务献血。

做一个环保主义者

　　今天，环境问题日益突出。美丽的森林日渐消失，绿洲成为荒漠，土地贫瘠化，资源消耗过大……热爱自然，保护环境，从你我做起吧！

　　中国目前面临的环境问题：

　　大气污染严重、水资源紧张、水环境差、固体废弃物过多、噪声污染较严重、乡镇工业污染排放惊人；土地资源、草原资源、森林资源被破坏；近岸海域的污染和生态破坏、生物多样性锐减、气候变暖与自然灾害。

　　全球主要环境问题有以下几个方面：

　　（1）二氧化碳、氧化亚氮、氟利昂等温室气体的增加导致全球气候变暖，直接的后果是生态系统的破坏和海平面的上升。

　　（2）现代生活大量使用的化学物质氟利昂，部分进入大气的平流层，紫外线作用下分解产生的原子氯通过连锁反应破坏臭氧层，臭氧层的破坏将直接影响人和生物，甚至使皮肤癌的患者大大增加。

　　（3）消耗能源产生的硫氧化物和氮氧化物和水的结合会产生酸雨。酸雨对森林、土壤、湖泊及各种建筑物的影响和侵蚀已得到公认。由于酸性气体可能远距离传送越境转移，因而"酸雨"正日益受到世界的关注。

　　（4）过度的放牧、耕作、砍伐和气候的作用加快了荒漠化的速度。土地退化现象的最终结果将使人类面临全球的粮食危机。

　　（5）热带雨林减少。热带雨林在调节地球气候和改善生态环境的作用方面是非常重要的。由于发达国家的广泛进口和发展中国家的开荒、采伐、放牧，热带雨林不断减少，其后果是异常气候的出现、生物物种的减少和二氧化碳浓度的增加。

　　（6）生物多样性减少。生物多样性的存在对进化和保持生物圈的生命维持系统具有十分重要无以替代的作用，同时它有极其丰富的资源价值和美学价值。人类活动是导致生物多样性减少的主要原因。

（7）有害废物的越境转移。有害废物问题是所有国家共同面临的问题，有害废物的接受地区会因此有付出巨大代价的危险。当前有毒废物越境转移主要是发达国家向发展中国家的转移。

（8）海洋污染。常见的主要有原油污染、漂浮物污染和有机化合物污染及其引起的赤潮、黑潮。

下面几个环境事件，我们应引以为戒。

1952 年伦敦烟雾事件。自 1952 年以来，伦敦发生过 12 次大的烟雾事件。1952 年 12 月那一次，5 天内就有 4000 人死亡。祸首是燃煤排放的粉尘和二氧化硫。烟雾逼迫所有飞机停飞，汽车白天开灯行驶，行人走路都困难。烟雾事件使呼吸道疾病患者猛增，5 天内有 4000 多人死亡，两个月内又有 8000 多人死去。

1984 年印度博帕尔事件。12 月 3 日，美国联合碳化公司在印度博帕尔市的农药厂因管理混乱，操作不当，致使地下储罐内剧毒的甲基异氰酸脂因压力升高而爆炸外泄。45 吨毒气形成一股浓密的烟雾，以每小时 5000 米的速度袭击了博帕尔市区，死亡近两万人，受害 20 多万人，5 万人失明，孕妇流产或产下死婴，受害面积 40 平方公里，数千头牲畜被毒死。

1986 年切尔诺贝利核泄漏事件。位于乌克兰基辅市郊的切尔诺贝利核电站，由于管理不善和操作失误，4 号反应堆爆炸起火，致使大量放射性物质泄漏。31 人死亡，237 人受到严重放射性伤害。至 1992 年，已有 7000 多人死于核污染。这次核污染飘尘给邻国也带来严重灾难。这是世界上最严重的一次核污染。

目前，世界生物多样性已经发出警报。700 多个物种、次级物种和动植物群体濒临灭绝。如果继续下去的话，到 2050 年的时候，地球上将有 35 万个物种消失。大部分将发生在热带雨林地区，但是其他地区也存在问题。

我们关心野生动植物，不仅仅是因为它们给世界带来了丰富的色彩和繁荣。如果它们消失了，我们人类将面临不可预料的困难，比如许多药品的成分来自动植物等。

在我们国家的南方某个城市里，每年有大约 1000 吨的野生蛇类、50 余吨的野生蛙类、50 万只鸟成为人们的桌上菜。

许多人在挣钱的同时给周围的环境带来了极大的污染，他们随意倾倒废水，排放有毒废气，影响了人们的健康。在城市的边缘，白色垃圾漫天飞舞。人们在游览名胜古迹的同时，制造了许多垃圾，到处是易拉罐、塑料瓶子、塑料袋。

爱护地球是每一个地球人的责任。面对上述种种恶劣的状况，我们应尽自己的力量，去制止那些破坏环境的行为，去保护我们的家园。

一个人怎样才能承担拯救环境的艰巨任务呢？青少年朋友可以考虑参加有组织的活动，为拯救环境作出自己的贡献。

另外，我们要从身边的小事做起，从点滴做起，去爱护环境。

（1）养成不随地吐痰的习惯。如果因为感冒而克服不了的，应该准备卫生纸，吐在纸上，再扔进垃圾桶。

（2）努力克服随手乱丢的坏习惯，要把废纸、果皮、包装袋扔进垃圾桶中，特别要杜绝从楼上往楼下扔东西的不道德行为。在卫生保洁或值日时，无论走再远的路，都要把垃圾及时倒进垃圾容器中，且不可乱倒。

（3）养成随手捡拾地面上废弃物的习惯。尽量少吃零食，不要再给我们的地球增加白色垃圾了。

（4）爱护动物，它们也是活生生的生命，要善待它们。当然，也要爱护花草树木，不要随意伤害它们。

（5）节约用电、用水、粮食等。

（6）了解环保知识，积极参加环保义务劳动，进行环保宣传。

为灾区、公益活动出力

生活中，许多青少年把自己的零花钱积攒起来，捐献给慈善机构；城市里的同学与山区的贫穷孩子结成互帮对象，并把自己一些多余的书籍、文具乃至衣物赠给对方，这都是爱心的表现，关心的表现。

据报载，2003 年考入上海交通大学的陈恩桃，被同学们称作"打工王子"。

大一下学期，靠打工有了一点经济能力的他，通过慈善机构，资助了湖北省罗田县一名面临辍学的小学生，每学期资助他 150 元。到了大二时，他又资助了安徽宿松县和内蒙古伊金霍洛旗纳林希里镇两名中学生。到了大三上学期，陈恩桃总共资助着 6 名贫困学生的学业。

别人不理解：勤工俭学每月 1000 多元的收入，他不首先用来偿还大学贷款，却用来资助别人。他认为，自己多做几份家教，生活上再节俭一点儿，那些像他一样贫穷的孩子们就有书念了。

他曾同时接下 8 份家教，有时一天只睡两三个小时，就连一日三餐都是边走边吃。大学 3 年，他做过 24 份家教，还干过学校勤工助学岗位 2/3 的工种。

"打工王子"令人钦佩、感动，如果每个人都献出一点爱，世界将会越来越温暖。

比尔·盖茨是一位享誉全球的慈善家，他和妻子梅林达·盖茨于 2000 年 1 月成立了基金会。它是由盖茨教育基金会和威廉·盖茨基金会合并而成的。前一个基金会致力通过公共图书馆使更多的人有机会使用科技资源，后一个基金会注重改善全球卫生保健状况。合并后的基金会总部位于西雅图，由比尔·盖茨的父亲老威廉·盖茨及帕蒂·斯通斯福主持。

比尔·盖茨把自己赚的钱花在慈善事业上，在做了功德的情况下，还可以减免税赋，甚至是企业公关的重要手段。仅 2001 年，盖茨夫妇就捐出 20 亿美元给比尔及梅林达·盖茨基金会，是当年全美捐款最多的人。目前，盖茨家族基金会在艾滋病、肺结核、疟疾等疾病的防治上已投入 6 亿美元以上的经费。全球防治这些疾病的经费，该基金会占有很大比重。

盖茨基金会与其他单纯捐款者不同，它是以"投资"的眼光来看待慈善事业的：受捐助的团体必须作出预定的成绩，基金会会进行定期的考核，作为下次捐助与否的依据。据了解，迄今为止，盖茨和妻子已经为国际健康事业捐赠了上百亿美元的资金。比尔·盖茨向外界公开了遗嘱，其中宣布将把自己全部财产的 98% 留给自己创办的比尔·盖茨及梅林达·盖茨基金会。

他们的故事告诉我们，不要吝啬我们的爱心。爱自己，也爱别人，才能体现出生命的最大价值。这些来自于正确思想的巨大力量可以巩固和完善我们的优良品格。懂得这一人生秘密的人往往抓住了通行于世界的根本原则，能够认识到世间事物的美好与真实性。

我们很难估量施予的心态对我们生命的价值大小。无论发生什么，都应该去直面生命，用健康的、快乐的、乐观的思想去直面生命，都应该满怀希望，坚信生命中充满了阳光雨露。传播成功思想、快乐思想和鼓舞人心思想的人，无论到哪里都会敞开心扉，真诚地爱他人，去宽慰失意的人，安抚受伤的人，激励沮丧泄气的人。他们是世界的救助者，是负担的减轻者。

要学会敞开心扉爱他人，让施予之心就像玫瑰花儿一样散发芬芳。

青少年朋友，如果你力所能及，不妨掌握一些基本的捐助项目和资助通道，献上自己的支持和关爱。目前我国的慈善项目主要有：

（1）慈爱孤儿工程：开展组织救助孤儿献爱心活动，或者捐建、捐修慈爱儿童福利院。

（2）烛光工程：旨在帮助中国经济欠发达地区乡村贫困教师改善生活、提高素质，从而促进当地基础教育事业发展的社会公益事业。

（3）残疾孤儿手术康复明天计划：为福利机构中的残疾孤儿实施手术和康复，使其完全恢复或部分恢复身体功能，增强生活自理和自立能力。

（4）春蕾计划：1989 年中国儿童少年基金会发起并组织实施的一项救助贫困地区失学女童重返校园的社会公益事业。

生活中，我们可以尝试以下公益活动：

·对艾滋病的公共宣传；

·环保活动，禁止猎杀动物协会；

·到贫困山区进行助学活动；

·心连心的义演；

·为贫困儿童、需要救助的儿童、贫困家庭捐赠活动；

·到孤儿院、敬老院、临终关怀医院做志愿者；

·参加一些民间环保组织；

·去流浪动物救助中心帮忙或捐款或领养；

·献血、献骨髓；

·去烈士陵园扫墓；

·捡拾白色垃圾；

·擦洗街道宣传牌；

·维护交通安全。

第九章

珍惜校园时光

制订一个有效的学习计划

凡事预则立，不预则废。教育学家们一致认为优秀学生和后进同学的差异，重要的一点是能否拥有比较明确具体的学习计划。

青少年每天要学的内容很多，如果不分先后顺序和轻重缓急，就会手忙脚乱、丢三落四，本来能学好的东西也学不好。这就需要制订一个学习计划，每天运用计划促进学习目标的实现，磨炼意志力，养成良好的学习习惯，并且提高学习效率，减少时间浪费。

下面是一位中学生的学期学习计划，以供大家借鉴：

1．目标

（1）战胜自己的"小心眼"毛病，不与人计较小事，得理也要让三分。

（2）扬英语之长，除参加英语竞赛，还要在去年市竞赛第十名的基础上超越四个人，进入前六名。

（3）补物理之短，物理成绩也要争取进入班级前 10 名。

（4）参加校运动会，3000 米长跑项目要超越去年，进入第 3 名，为班级挣 4 分。弱项铅球要加强训练，不能让它拖体育总成绩的后腿。

2．措施

（1）平时多读名人传记，学习他们的博大胸怀。经常看自己座右铭上的话："比海洋更广阔的是人的胸怀。"

（2）除参加学校英语兴趣小组学习外，自己每天晚间多拿出 50 分钟学习英语，做《英语辅导报》上的习题。

（3）本学期强化记忆，多做物理习题，还要认真整理"物理错题集"。

（4）每天下午跑完班级规定的 5000 米，再多跑 1000 米，这样就增大了训练量，比赛时，进入前三名的可能性就大了。除跑步外，要认真做操，练臂力。

3．时间分配

本学期要把物理所占时间增至 12%，数学由 25% 降至为 18%；语文为 10%；英语为 15%，化学为 5%，政治、历史、地理、生物各占 4%，文体活动占 20%，还有 4% 的时间机动。

具体来说，青少年制订学习计划时需注意以下几点：

1．要全面发展

不仅要安排好课内外学习的时间，还要安排好社会工作、锻炼身体、休息睡眠、娱乐活动等的时间，做到思想、学习、身体三兼顾。

2．要长短结合

就是要做到长计划短安排。长计划可以使具体任务有明确的目的，短安排是为了使长计划的任务逐步实现。为了实现总的目的要求，在一段较长的时间里应当有个大致安排，每星期、每天做些什么，也应有一个具体计划。要在晚上睡觉之前就安排好第二天什么时间做什么。

3．要符合实际

制订计划不要脱离实际，要从自己的实际出发，在正确估计自己的知识与能力、可供自己支配的时间、查清自己知识缺漏的基础上，制订切实可行的学习计划。

4．要留有余地

把计划变成现实，还要经过一个努力的过程，在这个过程中会遇上千变万化的情况。所以，计划不要安排得太满、太紧、太死，要留出机动时间，目标不要定得太高，以免实现不了。如果情况变了，计划也要做相应的调整，比如提前、挪后、增加、删减等。

5．要有时间限制

为了提高效率，在制订计划时，要适当给自己"压力"，对每一科目的预习和复习要做到三限制：即限定时间、限定速度、限定准确率。这种目标明确、有压力地学习，可以使注意力高度集中，提高复习效率。同时，每学习完一部分时，都有一种轻松感、愉悦感，会更充满信心地复习下去。

6．要科学安排时间

（1）合理：要找出每天学习的最佳时间。如有的同学早晨头脑清醒，最适合于记忆和思考；有的则晚上学习效果更好，要在最佳时间里完成较重要的学习任务，此外注意文理交叉安排，如复习一会儿语文，就做几道算术题，然后复习自然常识、外语等。

（2）高效：要根据事情的轻重缓急来安排时间。一般来说，把重要的或困难的学习任务放在前面来完成，因为这时候精力充沛、思维活跃，而把比较容易的放稍后去做。此外，较小的任务可以放在零星时间去完成，以充分做到见缝插针。

另外，青少年定了计划，一定要实行，不按计划办事，计划是没有用的。为了使计划不落空，要对计划的实施情况定期检查。可以制订一个计划检查表，把什么时间完成什么任务达到什么进度，列成表格，完成一项，就打上"√"。根据检查结果及时调整修改计划，使计划越订越好，使自己制订计划的能力越来越强。

7. 要突出重点

学习时间和内容都是有限的，所以，计划不要平均使用力量，必须有重点，做到保证重点，兼顾一般。所谓重点是指自己的弱科、弱项和知识体系中的重点内容，要集中时间、精力保证重点的落实。

掌握应试技巧

校园中流行这样一句话：考，考，考，老师的法宝；分，分，分，学生的命根。许多青少年闻"考"色变，如遇大敌。其实，只要树立了信心，讲究方法，勤奋学习，每个人都能考出好成绩。

下面为青少年朋友介绍一些应试技巧，以供参考：

1. 建立"错题记录本"

一些学生失分的关键，往往只是几个类型上的差错。每次将自己做错的题记下来，反复钻研，下一次再犯错的可能性就小了。久而久之，自己的弱项便可以克服了。

2. 多做模拟试题

多做模拟试题的目的意在模拟考试，并通过此种办法提高临考的适应能力。

往往有这种情况，自己感到已掌握的知识，在模拟考试中又出了问题，这反映了所掌握的知识是不扎实的，是经不住略加变化的考验的。所以通过模拟考试，可以发现已认为掌握而实际上还没有完全、扎实地掌握某种知识的缺乏，从而有针对性地予以解决。

每套模拟考题都有一定的难度，往往能大致反映这门考试科目的重点。因此，通过模拟考试，可以检验和巩固复习的成果。

由于标准试题的题型都有相对的稳定性，因此，可通过模拟考试，熟悉考试的题型。通过把所复习的内容按试题类型归类，以提高复习的针对性和应考的适应能力。

3. 考前复习

下面提供几位北大高分考生的备考经验：

考前我给自己考了三轮试，主要按照高考的时间。答得不理想的立即找书看看。睡前还可以看一些散文小品等，帮助找语感写作文。

不做难题，主要注意各学科基础知识。但也要保持适当的题量，比如各科每天起码做一套单选题。适当看一些新闻也有助于写作文，比如我认识一个高考作文满分的考生，就因为考试的前一天晚上看了关于"诺曼底登陆"的专题节目，适当运用到作文中。

特别注意看基础的东西，包括各科的基本知识点，比如语文的默写等，注意纠正一些错字别字；作文方面就反复看自己之前归纳的例子。

在考前就不再做新的，特别是难而偏的题。只找一些简单、自己非常顺手的题来做，这样有利于考试前信心的建立。文科复习方面，应该回到书本中去，复习最基础的知识点，或者只是随意地翻一下书。

4．心理放松

考前充足的睡眠、愉快的心情是必不可少的。加班加点，强攻难关，往往适得其反。多参加体育活动，多听音乐，多吃蔬菜水果，多与朋友、师长聊开心的话题，都能为自己创造一个宽松的环境。

浙江省 2005 年文科状元徐语婧谈到自己的经验时说："首先要摆正自己的心态，不要太紧张，现在你不妨就想一想高考那一天会是什么样的情景，躺在床上设想一下你早上起床、刷牙、洗脸、照照镜子，给自己一个非常自信的微笑，然后出门，想想风吹在脸上的感觉，走进考场，开始答第一题，考试结束了交卷。其实经历过高考你会发现，这一切也就是这么简单，就真的不用特别紧张。在高考的考场上如果像我一样，就是第一场考试如果万一发挥失利的话，千万不要影响后面几场的考试。因为我第一场考语文的时候就出现一些小小的失误，但是当时我自己调整心态也比较快，幸好没有影响后面几场的发挥。所以最后好像语文成绩出来也不是特别的差，所以有些时候你在高考的考场上特别容易将自己的一些小小的失误，把它夸大成一个很大、感觉自己根本就无法克服的那种障碍，千万不要有这种想法。万一出现这种失误的话，你中午回去睡个觉，你只要睡醒什么事情都没有，继续投入下一场考试。"

5．科学答题

（1）浏览。拿到试卷后，不要急于动手答题，先要浏览一下所有试题，粗略地观察、判断试题的难易程度和分值，大体制定一个答题的"战略战术"。这样有利于合理安排时间，掌握答题难度。

（2）审题。解答每一道题之前都要逐字逐句审清题意，明确要求，不要一看就答，随想随写，随写随改。答题力求简明扼要，条理清楚，答其所问，字迹不要潦草。

（3）草稿。解题需打草稿时，要从左到右、从上到下按照顺序逐题地写在纸上，这样做便于检查，节省时间，草稿切忌东写一下，西画一下，认为无所谓。

（4）搁题。有些题目如果一时做不出来可先搁在一处，要抢时间先做会做的题和得分点高的题，待会做的题和得分点高的题都做完后，再回过头来考虑原来不会做的题。

（5）卷面。有些题目觉得答案字数较多，但试卷上留的答题空地不够用时，应有计划地把字写得小一点、密一点，不要到最后写不完了，在试卷上乱安排，乱勾画，搞得卷面不整洁，从而影响得分。

（6）复查。复查是考试过程中的一个重要环节，有时宁可少做一个没有把握的题，也要挤出时间来把做完的题目复查一遍。

报考一门热爱的专业

生活中，青少年爱好、兴趣各异。是否能选择好一门真正适合自己的专业，影响深远。

有一个美国男孩在父母的关爱下成长，男孩的父母都希望自己的儿子能成为一个体面的医生。可是，男孩读到高中便被计算机迷住了，整天玩着一台旧计算机，不断地把计算机的主机板拆下又装上，乐此不疲。

男孩的父母见了很担心，也很伤心，他们苦口婆心地告诉他："你应该用功念书，否则根本无法立足社会。"

男孩的内心非常痛苦，他既不愿意放弃自己的兴趣，也不愿意让父母难过，最后，他按照父母的愿望考上了一所医科大学，可是他的内心始终只对计算机感兴趣。第一个学期快要结束的时候，他毅然决然地告诉父母他要退学，父母苦劝无效，也只好很遗憾地同意他退学。

男孩后来成立了自己的计算机公司，打出了自己的品牌。到了第二年，公司就顺利地上市发行股票，顷刻间他即拥有了1800万美元资金，那年他才23岁。

10年后，他更创出了不亚于比尔·盖茨的神话，拥有资产达43亿美元。他就是美国戴尔公司总裁迈克·戴尔。

由此可见，选对专业，找准人生方向，你才能早一日成功。

我们知道，只有充分发掘自身的优势，才能实现你所确定的终生奋斗目标。但这需要一个前提条件，那就是首先要问问你自己的兴趣所在。所谓兴趣，是指一个人力求认识某种事物或爱好某种活动的心理倾向。这种心理倾向是和一定的情感联系着的。

"我喜欢做什么？""我最擅长什么？"一个人如果能根据自己的爱好去选择事业的目标，他的主动性将会得到充分发挥。即使十分疲倦和辛劳，也总是兴致勃勃，心情愉快；即使困难重重也绝不灰心丧气，而能想尽办法，百折不挠地克服它，甚至废寝忘食，如醉如痴。爱迪生就是个很好的例子。他几乎每天都在实验室里辛苦工作十几个小时，在那里吃饭、睡觉，但他丝毫不以为苦，"我一生中从未做过一天工作。"他宣称，"我每天其乐无穷。"难怪他会成大事。

很多人往往一时很难弄清楚自己的兴趣所在，或擅长什么，这就需要你在实践中善于发现自己、认识自己，不断地了解自己能干什么，不能干什么，如此才能取之所长、避之所短，进而取得成功。

作家斯贝克一开始并没有意识到自己会成为作家，曾几次改行。开始，因为他身高一米九多，爱上了篮球运动，成为市男子篮球队员。因为球技一般，年龄渐长，又改行当了专业画家。他的画技也无过人之处，当他给报刊绘画时，偶尔也写点短文，终于发现自己的写作才能，从此走上了文学创作的道路。

发现和准确判断自己的兴趣所在，可以回顾一下自己的经历。在此基础上，将自己的兴趣归于某种兴趣类型，并与相应的专业对比，可以帮助你选择适合自己兴趣的专业，更好地发挥自身优势。

所以，若想充分发挥自身的优势，必须根据自己的兴趣爱好来选择适合自己的专业。如此才能使你的事业如虎添翼，顺利到达成功彼岸。

青少年在报考专业时需注意：

（1）我们对选报专业的兴趣应该是理性的兴趣，而不是表面的热情。曾经有不少考生表示对计算机专业感兴趣，执意要报考，但是他们的数学、物理成绩不佳也没有学习动力，更不知道计算机专业要学哪些课程。也许，他们对计算机专业的兴趣实则是对电脑游戏的兴趣，是将电脑游戏当作计算机专业了。

这样的选择其实是十分危险的。更常见的现象是家长包办孩子的专业志愿，结果很可能是孩子进入高校以后提不起专业兴趣，失去学习动力。

所谓"理性兴趣"是指考生在中学的学科兴趣、学习成绩、高考选科、选报志愿基本吻合，而且大致符合个人的发展愿景。此外，学科面比专业面宽，因此对专业的兴趣爱好宜宽不宜窄，在一个学科门类中，可以选报多个专业或专业方向。

2. 要对自己的性格、兴趣爱好有一个清醒的认识。一个人在事业上能否获得成功，与他对所学专业和准备从事的职业是否有浓厚的兴趣，与他的性格、气质特征和他要从事的职业是否相适应有着极大的关系。在选报志愿时，青少年一定要从自己的专业兴趣和性格、气质类型出发、从个人特征与职业特点的最佳匹配来选择相关专业和院校。

比如某学生擅长美术又比较喜欢实际的工作，属于艺术型和现实型相结合的个性特征，这种学生应该选择建筑学、工业设计、室内装潢设计等。又比如某学生也擅长美术，但他更喜欢从事社会服务性的工作，属于艺术型和社会型相结合的个性特征，这种学生应该选择美术教育、舞台美术等专业的学习。

听震撼心灵的讲座

如今，各大高校里的讲座可谓名目繁多、丰富多彩。不少学生在大学里面除了上课，就是待在宿舍打游戏，或终日花前月下，从来不主动去听讲座，甚为可惜，教育资源就这样浪费了。

在大学校园里办讲座的人当然是现实中的佼佼者。专家、教授、知名学者、社会名流……一般来说，他们的演讲或睿智多变、幽默轻松，或深入浅出、简练朴素，既有引人深思的深厚哲理，又有催人奋进的人生智慧。从历史到哲学，从金融到经济，从文学到艺术，可谓思想的精粹、智慧的集锦。由于"汇集了各领域最前沿的思想和观点"，许多讲座被喻为具有时代精神的"思想大餐"。在这些讲座中，既不乏高深的学术对话，又常有师生之间的激烈争论。听完一场优秀的讲座后，思想的穿透力让你折服，胜于你上一个星期的课。除学术的交流外，无不感受到一种对人对己的责任。

具体而言，我们多听优秀的讲座，有如下益处：

（1）接受切实的人生指导，培养健康的生活方式。

（2）讲座是我们开阔知识视野，发掘学术兴趣和增强学术功底的第二通道，由此我们能广泛涉猎各个学科领域，这对于优化知识结构、提升综合素质具有不可替代的作用。

（3）有机会和来自各个方面各个行业的人接触，能从他们那里听到许多在校园中接触不到的事情。

（4）有机会分享专家、学者们潜心研究的成果，聆听他们的观点和见解，了解他们学术人生的平凡与伟大。

（5）听了某位成功人士的演讲，我们可能会热血沸腾，激发出创业的勇气和信心。

下面是几位学生关于讲座的感受和体验：

出身北大，现为某杂志社编辑的邢久强在文章中写道：

在北大听讲座，真是一种享受。倾听，是对智者的钦佩，是对仁者的虔敬，是对真善美的崇尚和追求。听张岱年讲孔孟之道，听王绍璠讲禅宗，听欧阳中石、刘炳森讲书法，听季羡林、杜维明讲东西方文化，听王蒙讲小说、金庸讲武侠，听詹姆斯·莫里斯讲信息经济学，听纳尔逊·曼德拉讲南非民族斗争史……那些充满个性的声音，时常在耳边萦绕，演讲者的思想光芒、精神火焰照亮了一代代莘莘学子的心灵。

北大的讲座，以"多、高、新、广"的绝对优势，使国内其他高校难望其项背……北大讲座在某种程度上是中国学术探索、思想创新的试验场和思想文化产品的集散地。在北大听讲座，可以说是"听君一席话，胜读十本书"。听学界泰斗季羡林先生的演讲，如沐春风，使人深切感受到一个睿智老人思想的深邃、意境的高远，高山仰止之情油然而生。听杨振宁、李政道的演讲，能增添对科学和科学精神的崇尚和敬仰。而听王启民、李国安等著名劳模的演讲，使人更深刻地理解人生的价值和奉献者的高尚情怀。

畅游于这样一个绚丽多彩的精神海洋里，自然会令人感到无限的惬意，能有机会聆听这么多杰出人物的演讲，对于每一个北大人来说都是一种赐福。有人说，"一塔湖图"（博雅塔、未名湖、图书馆）是北大的象征，如果说"一塔湖图"是北大魅力的风景画般静态的体现的话，北大讲座则是一幕幕活生生的动态的话剧。它更生动地体现了北大自由、宽容、博大、深远的内在精神……

一位清华学子说："平日里，我们往往不自觉地被束缚在本专业的框架中，一场好的讲座，可以拓展你的知识面，放宽你的眼界，甚至可能改变你的思维方式。每一场新奇的讲座，都有可能是你人生中的一块新大陆。"

一位复旦学子说："主讲者以学术界名人居多，偶尔有来自企业界人士和其他社会名流。演讲风格有的诙谐，有的严肃，给人以不同的现场感受，也有听得实在不入味，忍不住半途偷偷开溜的。但总体来说，对正处于知识快速积累、更新过程中的我们，这些讲座极大地丰富了我们的专业外知识，给年轻的思想带来的启发性是不可估量的。记得有次请武大的某博士主讲中国古代文化发展，他把古中国一场小战事一直引申到了遥远的罗马帝国的溃败，让我第一次认识到中国古代文明对世界格局的重大影响，而在此前，作为一个对文学、对历史毫无研究的工科学生，我看中国古文化是与世界文明发展割裂开的。那是我一生中唯一一次听说他的名字，听他讲学，却至今难忘。这是一次成功讲座能给人以震撼的最直接写照。"

可见，真正精彩、优秀的讲座能令人获益匪浅，甚至受用一生。

听讲座的技巧：

（1）多关注校园内的宣传栏、海报，多上 BBS，交流信息。某些重要的讲座只有一定数额的门票，你要耳目灵通，先下手为强！

（2）要有选择性。大学里讲座较多，每场必到并不现实，也不可取。我们应有的放矢，去听真正于己有利、感兴趣的讲座。

（3）及时记录下精彩内容、闪光点。

（4）多思考，并提出一些重要的想法、疑问，与演讲人交流。

根据兴趣参加社团

作为高校里由学生依照共同的兴趣、爱好自发组成的"民间组织"，社团已成为大学校园文化的一道美丽风景线。在话剧里"秀"一把，与棋友切磋技艺，与社友去登一次高山，邀三五画友去乡村采风……

健康的社团活动不仅能够启迪学生的思想，陶冶他们的情操，净化他们的灵魂，而且能使学生增长知识，锻炼才干，在交往和活动中认识社会，培养竞争意识。

热爱文学的小文从大一起就积极参加学校文学社的活动，坚持写稿和投稿，而且学会了编辑和版面设计等一系列相关工作。4 年大学学习结束后，小文在文学创作、编辑等方面都小有成就。"功夫不负有心人"，今年他终于在竞争激烈的就业招聘中脱颖而出，顺利地进入了令许多人都羡慕的大报社工作。小文说："我现在的成功与当初在文学社的努力是分不开的。"

小静在大学时加入了学校的爱心组织和本学院的法学社。作为其中的中坚分子，她负责了社团的正常运转和活动策划。现在忙于找工作的她告诉学弟学妹们，还是社员的时候，她并不觉得参加社团对自己有多大的益处，现在退出来才发现，大学时光凭兴趣全情投入的社团活动是不可多得的经验财富。"我的收获，不是因为我在社团中担任了要职，而是学会了在每一次成功和失败中总结经验教训，这个对我来说真的获益匪浅。"

对书法情有独钟的小方，自高二起就不得不忍痛割爱，整天埋头于课本、资料和考试。进入大学两年以来，他一直坚持参加该校书法协会的各项活动，书法水平有很大提高，而且在校内成功地举办了个人书法展，一举成为全校闻名的"校园书法家"。

校园社团里类似其人其事的还有很多。

可见，适当地参加一些社团，对于个人的成长发展极有裨益。

青少年在参加社团时，需注意以下问题：

（1）根据自己的兴趣爱好作选择

校园里社团有很多，不是所有的都适合自己。选择社团时首先要考虑自己擅长什么和是否感兴趣。每个人的兴趣爱好都不同，擅长文艺的同学可加入文化文艺类社团，乐于青年志愿者服务的同学可加入公益服务型社团，喜欢电脑的可加入计算机协会，等等。

（2）了解你所要加入的社团

社团类型主要有：

理论学习型社团：以理论学习宣传、学术研究为主要内容和目的的社团。

公益服务型社团：以专业学习、交流、实践为主要内容。如，艺术团、女生协会、环保协会、口腔协会、未来教育家协会等。

兴趣爱好型社团：依据学生的特长和共同兴趣爱好组建而成的，以注重艺术享受、提高文化艺术素养为主要特征。如，戏剧社、书画社、影视协会、广告协会、诗社、外语俱乐部、未来艺术家协会、篮球协会。

学术科研型社团：专业性强，作为学生专业成才教育的第二课堂。如，大学生心理协会、考研领航社、数学建模协会、大学生科技协会等。

（3）避免草率和贪多，要做到量少质精。认真履行自己的职责。

（4）社团大多收费，这是正常的，不可因小失大。

（5）参加社团要务实、有意义。

（6）不要因为社团活动耽误了学业，正确处理两者的关系，以免得不偿失。

第十章

提高社会生存技能

努力适应变化

一位教育专家说："五天的学校教育往往抵不过社会两天的熏染。"学校德育侧重于正面教育，灌输的是真、善、美的东西，而青少年在家庭、社会耳闻目睹了许多光怪陆离、纷繁复杂的社会现象，所以，一旦走出校园感受到多姿多彩的社会时，青少年便感到学校老师灌输的思想信念、道德情操显得多么单薄、多么脆弱。

达尔文有一句经典的理论："适者生存。"适者生存也就是随着社会的发展趋势解决遇到的问题。一个人不能左右社会发展的趋势，社会更不能按照一个人的意愿发展。我们每个人都不能脱离人群、脱离社会而生活，如果不适应社会的变化，就会被社会遗弃。只有适应别人，适应社会，我们才能长大，变得成熟。

有这样一个故事：

很久很久以前，人类都还赤着双脚走路。

有一位国王到某个偏远的乡间旅行，因为路面崎岖不平，有很多碎石头，刺得他的脚又痛又麻。回到王宫后，他下了一道命令，要将国内的所有道路都铺上一层牛皮。他认为这样做，不只是为自己，还可造福他的人民，让大家走路时不再受刺痛之苦。

但即使杀尽国内所有的牛，也筹措不到足够的皮革，而所花费的金钱、动用的人力，更不知有多少。虽然根本做不到，甚至相当愚蠢，但因为是国王的命令，大家也只能摇头叹息。

一位聪明的大臣大胆地向国王提出建议："国王啊！为什么您要劳民伤财，牺牲那么多头牛，花费那么多金钱呢？您何不只用两小片牛皮包住您的脚呢？"国王听了很惊讶，但也当下领悟，于是立刻收回成命，采取这个建议。据说，这就是"皮鞋"的由来。

故事告诉我们：想改变世界，很难；要改变自己，则较为容易。

与其改变全世界，不如先改变自己——"将自己的双脚包起来。"

我们可以改变自己的某些观念和做法，以抵御外来的侵袭。

当自己改变后，眼中的世界自然跟着改变了。

如果你希望看到世界改变，那么第一个必须改变的就是自己。

适应需要坚强的意志和顽强的耐心。有时就像婴孩从母体里脱离，要适应到外面的世界生存一样，挣扎是痛苦的，但痛苦后的啼哭又是十分幸福的。

适应是对你智慧技能的一种消耗。所以，在适应中我们还需不断加强知识的积累和体能的锻炼，储备良好的智慧、体能等竞技食粮。

学会适应生活、适应社会，是一个深思熟虑的过程。切忌在摸清目标背景的实质前盲目行动。适应的过程，是一道精确的算术题，你的内心必须有 2~3 个熟练的解题公式，这样，你才会立于不败之地。

生活中，青少年朋友如何去适应种种变化呢？

（1）加强自我认识能力的培养。青少年要对自己有一个客观的了解，知道自己的优势和不足，有优点不要骄傲，有缺点不必自卑，当遇到困难时才不至于产生心理失衡。

（2）训练良好的自控能力。培养自己的自控能力，学会用友好的方式解决问题，当产生矛盾时，避免出现攻击行为。

（3）提升自我解压能力。青少年由于生活经验不足，承受能力有限，在遇到困难和矛盾的时候可能不会调整和控制自己的情绪，要让自己学会缓解精神压力，懂得宣泄和放松，这样才能保持心理平衡和良好的心态，才能冷静地处理遇到的困难，并保持愉快的心情。

（4）增强有效解决问题的能力。当矛盾和冲突无法回避时，需要学会应对的技巧和方法。青少年此时应该自主寻求解决问题的突破口和方法步骤，学会主动适应环境，从遇到的问题中解脱出来。

防人之心不可无

俗话说："害人之心不可有，防人之心不可无。"此语很有道理。生活中除了真诚、美好，还存在着形形色色的虚伪、欺诈和丑恶。如何辨别真伪，关系到你个人的切身利益。

一天晚上，某校经管学院 2003 级学生梁某在校区圆形广场碰到两名男青年。他们自称来自香港，储蓄卡被银行柜员机吞掉，想借梁某的电话卡打电话。梁某帮他们打通电话后，他们称其家人要汇 1 万元现金过来，要借梁某的民生银行账号转账。梁某回到宿舍后觉得此事可疑，遂打电话到学校保卫处反映此事，保卫处随即抓获了这两名诈骗人员。

当陌生人以各种伪装的形式和理由向自己借钱、借物时，要保持高度的警觉，不要落入犯罪分子设置的陷阱。善于发现疑点，冷静果断地处理，犯罪分子就无机可乘。

某高校大一女生小艾，在学校门口的天桥上碰到一个失魂落魄的卖幸运绳的小伙子，他自称女朋友刚刚死于车祸，而他为了纪念自己深爱的女友，天天在为她编织幸运绳。这个故事深深地感动了单纯的小艾，为了陪伴那个小伙子，安慰他"受伤"的心灵，小艾几乎天天逃课，为了他能安稳地生活下去，小艾又给了他几乎自己所有的积蓄。而故事的结局是，那个男的在财色兼收了以后，弃她而去……

现在的很多青少年，把一切都理所当然地想象得非常美好，却忘了实际生活还有那么多的陷阱。

其实，同情别人并不是一种过错，但必须在确保自己安全的情况下。切忌付出同情心的时候，还付出了沉重的代价。

总之，防人之心不可无，只要时刻保持警惕，你就可以避免受到伤害。

1999 年 11 月 8 日的下午，北京 85 中学的陈思路正在家复习功课。父母在休息。这时有人敲门说要查水表。听到敲门声，陈思路想也没想，几步跑到门前，拉开了门。没想到，一把乌黑的枪口顶住了他的头。两名刑满释放的歹徒，持枪入室抢劫。

幸好，陈思路的父亲是警察，他首先跟犯罪分子肉搏起来。看到父亲动了手，陈思路也抓起一把水果刀，向歹徒刺去，却没扎中，歹徒用枪把打破了他的头。陈思路又去捡父亲丢给他的一把菜刀。歹徒趁机用枪顶住了他的头开了一枪，万幸的是这一枪是臭子！陈思路一刀砍在歹徒的头上，由于用力过猛，连刀都拔不出来了！他又和母亲一道，制伏了另一个歹徒。激烈的搏斗中，他的父亲受了重伤，陈思路也受了轻伤。

其实，陈思路家这场肉搏战完全可以避免，方法也非常简单，就是陈思路在开门时，应有所警觉，一旦发觉情况不对，不开门就是了，或告知大人或报警，不给犯罪分子以可乘之机。

为了提高自身安全，生活中，青少年需注意以下问题：

社会很复杂，各色各样的人都有，有时骗子十分善于伪装，不像电影里坏人（戴墨镜、粗鲁、风骚）的样子。从骗子的语言、穿着、礼貌上观察，根本看不出他们是坏人、是骗子。出门在外，应该处处小心谨慎，不能接受陌生人送的东西，入口的东西更不能接受，这是原则问题。因为有的骗子会在吃的东西里做手脚，如放入麻醉药、迷幻药、催情催性药等，趁机对你实施侵害。

学生自我保护能力弱，通常是被坏人侵害的目标，平时要锻炼自己的自我保护意识。没有紧急的事情，不要单独外出活动，不要到偏僻、人员稀少、环境复杂的地方去。遇到陌生人以后，不要与之交谈，更不能靠近，赶快离开。如果陌生人缠上了你，要冷静机智地脱身，或向路人呼喊，或立即跑开，以防遭到不测。外出时，可以与同学们一起，早去早回，不要在外停留时间过长。外出去什么地方，多长时间，什么时间回来，都要向家长说清楚，以免家长着急。如果必须外出，地方很远，最好请家长、朋友陪护。

提高安全意识，学点自我保护

生活中，面对突然而至的人为灾难，比如偷窃、抢劫、强奸时，你是惊慌失措、默默忍受，还是理智镇静、临危不乱？养成自我保护的习惯是对我们自己负责的最好行为。

提高警惕，增强观察、识别能力，不被坏人甜言蜜语迷惑，谨防上当受骗，掌握如遇歹徒如何巧妙周旋、斗智斗勇，尽力保护自己的防范知识，以增强感性认识和自我保护能力，是一次刻不容缓的行动。

当今，不少青少年的自救自护意识非常薄弱。

1998 年 11 月 18 日是"流星雨之夜"。凌晨 3 点多钟，北京市八里庄地区 14 岁的女中学生马某和她表弟在看完流星雨回家的路上，遇到了罪犯庞德禄。庞犯自称是联防队员，要察看马某的证件。当马某的表弟被支走回家取学生证时，庞犯以去派出所为由将马某带上出租车，诱骗至高碑店乡的一小公园内隐蔽处，猛然将马某摔倒在地，双手掐其颈部，并用木棍殴打马某的头部，还用布堵住马某的嘴，见马某昏死过去，便对其进行流氓活动。当庞德禄发觉马某已经死亡，便用草覆盖尸体后逃逸。

据庞犯交代，他将马某带走的路上，曾不止一次遇到行人，当时他心里很紧张，但马某没有呼喊求救。另外，罪犯遇到马某姐弟的地方，离马某的家不过 300 米！距离凶案现场却有很长一段路程，庞犯还打了一辆出租车。事后据那位出租司机反映，当时马某是自己打开车门上的车，一路上，她也一直没有向司机示警或求救。那位司机说"这个小姑娘死得太可惜了，其实当时只要她有一点暗示，我肯定会帮助她。"

2006 年 7 月 17 日凌晨，一对大学生情侣在锦江边约会时，两名劫匪突然窜出。面对闪着寒光的匕首，男生赖某挺身喝道："先把我女朋友放了!"在与歹徒的殊死搏斗中,赖某胸腹被刺伤,女友也身中三刀,伤势不轻。

负责此案的警方称,在遇见歹徒时,如果赖某能冷静处理,先尽量满足他们的要求,以保证自身安全,同时择机报警,也许就不会酿成血案。

生活中,青少年朋友应树立强烈的自我保护意识:

(1)遇事要冷静,不要让所谓的哥们义气害了自己,也害了朋友。学会拒绝不正当要求,坚决不与坏人坏事同流合污。

(2)不要随意泄漏自己的个人及家庭情况,家里的电话、家长的名字,以免不法分子利用。

(3)独自在家时,不要给陌生人开门。如有人撬门趴窗,应立即大声呼救或电话报警。必要时可拿起家里的菜刀、锤子作为武器,来震慑歹徒。

(4)平时尽可能多地学一些法律知识,学会用法律武器保护自己的合法权利。

(5)遭到严重暴力侵害时如绑架、劫持、伤害等,一般不要与其硬拼,但更不要吓得不知所措,屈服于恶势力。这时要镇静、机智地与之周旋,以寻找机会脱身并报警。

具体方法与技巧:

1.应对劫匪

(1)对劫匪高声呵斥,言辞要强硬,以泼辣的姿态将其吓退。

(2)如果歹徒扑上来,用泥沙、石灰、砖块、背包等身边的物品全力还击。

(3)倘若劫匪从背后袭击,脖子被其双臂勒住,可稍微转身,用肘部向后猛击劫匪的腹部或用脚猛踩其脚面和小腿,迫使其松开双臂,得以脱身。

(4)如果与劫匪正面遭遇,可以靠近劫匪,抬起膝盖向其胯下猛击。如果劫匪穿着大衣或者比较灵活,建议不用此法。

(5)如果手头有伞或者其他带尖手杖等物品,可以用尖头部分狠刺劫匪。还可以两指叉开成"V"字形,攻击劫匪的眼睛。

（6）与坏人搏斗时要高声喊叫，尽量向灯光明亮处逃跑，同时打"110"报警。

（7）如果歹徒强悍有力，自己又孤立无援，此时可佯装顺从，尽量拖延时间，并趁其不备全力将他推倒或狠击其致命处，使其丧失攻击力，迅速脱身。

（8）记下坏人的相貌特征、声音和穿着打扮，脱险后，马上打电话报警，向警方详细描述匪徒的情况。

2. 应对性侵犯

（1）在公共场所，倘若遇到坏人用挑逗性的语言、神态和动作来调戏，可视而不见，让其自讨没趣。对那些纠缠者要严厉警告，实在不行就叫保安人员来处理。

（2）对那些动手动脚的流氓，应当从自身安全考虑，警告他们，并且向周围群众揭露其丑恶行径，以引起周围群众对坏人的斥责和愤慨，从而得到大家的帮助。

（3）如果坏人继续为所欲为，就要马上报警，如果无法报警，就要马上高声呼救。

（4）要避免危险的环境，以免使自己限于孤立无援的境地。如夜晚不要单独走远路，不要一人到郊野、偏僻的地方去，自己一人在家，不要让陌生人进屋，不要单独和异性在无人的房间相处等，以尽量消除可能产生性侵犯的因素。

（5）要坚决拒绝黄色书刊、图片、手抄本和淫秽录像的引诱，以保护自己。

（6）要寻求家庭、学校以及公安机关的保护。面对性侵犯，许多青少年因为害羞或者害怕报复而忍气吞声。这样做实际上是怂恿犯罪分子，他会一而再、再而三地变本加厉。

（7）对一些性侵犯，要沉着冷静，不要慌乱。应机智应付，设法逃脱，寻求保护。

3. 打求救电话

打紧急求救电话要注意以下几点：

（1）紧急报火警。发现大火并确认是火灾时，要立刻拨打"119"

电话，不要紧张，准确向对方说明大火的位置，目前的火情，是什么原因引起的，有无人员被围困，等等。

（2）紧急报匪警。发现坏人进行违法犯罪活动时，要立刻拨打"110"电话，简单扼要地说明问题。如犯罪人的地点，犯罪人的人数，目前在干什么，有没有凶器，有无交通工具，有无人员伤害，有无爆炸物，等等。

（3）紧急报交通警。看见路途上出了交通事故，或者自己家人出了交通事故，要立刻拨打"122"电话，讲清楚交通事故的位置，车辆情况，有无人员伤亡，车辆的牌号，等等。

（4）紧急拨打急救中心电话。发现有人突然发病，要立刻拨打"120"电话，准确说清楚病人的地址，是什么病（伤），目前的生命情况，工作单位、性别，等等。

不要在网络上随意交友

青少年正处在青春期，这个时期的他们渴望友谊和交流，网上聊天给了他们倾诉的空间和对象。但是网络上也有陷阱，对于天真单纯、涉世不深的青少年，特别是一些爱幻想、充满了好奇心的女孩子来说，稍不留神，就会掉进网友设好的陷阱。

一位上高一的 16 岁少女，放暑假后她经常去网吧上网聊天，认识了不少网友，在网上聊得很开心，常常一聊就是几个小时。有一次，她约了位已婚男子的网友，由于禁不住好奇心的诱惑去了，见了面很失望，幸好也没发生什么事，聊了一会儿她就走了。原来这位已婚男网友在网上说他虽然长得又高又瘦，却很英俊潇洒，而且网上聊天时也很幽默风趣，可是见了面却见那人又矮又胖，连说话都不利索。

肇庆市一名骗子须眉之躯扮美女，先后 6 次在网上进行诈骗活动。

广州女大学生许某在网上聊天认识了在东莞市打工的冯某，许某把冯某当作知心朋友，不料冯某认为许某社会经验尚浅，可以从中搞一笔钱财。于是，冯某窜至广州市，将许某骗至酒店杀害，并将其尸体肢解。随后向死者家属勒索 18 万元。

哈尔滨市 5 名仅有初中文化的罪犯，通过网上交友，在短短的一个月内，将外企女职员、女高中生以及两名女大学生玩弄于股掌之上，对她们实施抢劫、轮奸。

可见，结交网友不慎，会对自己的身心健康造成伤害，严重者会招致杀身之祸。虽然网友大部分可以信赖，但毕竟网友是不可预知的陌生人，甚至可能暗藏杀机。青少年缺乏社会经验，对危险估计不足，遇到意外往往会成为受害者。迈脚前当三思：（1）安全问题。盲目地去面见不相识的网友，其实就等于对自己的生命不负责任，也是对亲人的不负责。（2）后果问题。真的发生了侵害问题，自己身心受到伤害，家人、老师、同学也会因你受到伤害，甚至会造成幸福家庭的毁灭。（3）影响问题。面见网友，会影响正常的学习，干扰正常的生活，带来严重的负面效果，还会给生活留下隐患。

青少年在网络上交友时，需注意以下几点：

（1）时刻保持警惕，不要轻信他人。

（2）不告诉网上的人关于你自己和家里的事情。网上遇见的人都是陌生人，所以你千万不可以随便把家里的地址、电话、你的学校和班级、家庭经济状况等个人信息告诉你在网上结识的人。

（3）密码只属于你一个人。所以不要把自己在网上用的名称、密码（比如会员名称和密码）告诉网友。

（4）不轻易相信网上的人讲的话。任何人在网上都告诉你一个假名字，或改变性别等。你在网上读到的信息都可能不是真的。对于那些不停索取私人通信方式，或主动给你 QQ、电话等的人，一定要慎重对待。

（5）不邀请网上结识的人来你们家，尤其是当你单独在家时。

（6）保持平常心，提醒自己正在做什么。想进一步与对方加深关系之前，回顾一下自己的交友过程，并反思自己想要得到什么。不要强迫自己做使自己或他人不愉快的事情，不要过早过快地投入感情，尤其是在约会前，应慎重考虑。

 **用好法律这把护身剑**

生活中，不少青少年朋友曾有过被人欺侮、凌辱、诈骗等遭遇。由于他们往往忽视对自身合法权益的保护，加上对相关法律知识知之甚少，因此，一旦发生了侵犯自身合法权益的事件，就不知所措，有的忍气吞声，有的甘愿倒霉，有的以牙还牙，而无法拿起法律武器来捍卫自己的合法权益。

让我们先来看看生活中的几个案例：

（1）高中生小明在放学的路上，被几个社会青年堵住，搜走了身上的100元。后来，他又被这伙人抢劫。小明又恨又怕，却不知如何是好。

（2）暑假时，大一的小叶和几位同学被介绍到某公司打工：派送口香糖。公司许诺每天工资是45元。第一天上班，她们6点多就出发了，看着地图换了几趟公交车，再四处打听才找到公司所说的超市派发地点。在超市门口辛苦地站了两天，向顾客派送每一个口香糖都要说："新鲜上市，××超强薄荷，免费试吃。"两天下来喉咙喊哑了，腿站酸了，然而公司只给了小叶9元钱。当向公司询问缘由时，公司职员不仅不解释，还大骂她是"笨蛋"。

（3）元旦前夕，大四学生小敏通过朋友在市区一家旅行社找了份工作。由于是通过熟人介绍，小敏也没和旅行社签订任何协定或合同，只是口头上协议工资和其他待遇。在旅行社工作了一个月后，小敏向旅行社老板提起工资一事，但老板以资金周转不过来为由，让小敏再等一等。考虑到工作是朋友介绍的，老板不会赖掉自己的工资，小敏并没有在意。谁知道，3个月后，小敏再去找旅行社老板要求发工资时，这位老板一开始是闭门不见，最后干脆来了个"人间蒸发"，小敏怎么找也找不到他。

（4）2003 年 9 月底，只有初中文化的河南农民秦永军与几名同伙，带领 30 余名组员从广西将销售网络迁到重庆，以"三无"产品"欧丽曼"化妆品为媒介，组成了"欧丽曼"传销团队。随后，他们以介绍工作、做生意为名，将以大学生为主的近千人骗至渝北，采取上课、讲直销理念、讲"欧丽曼"的"五级三奖制"发展下线，对被骗人员"洗脑"，使其"自愿"交纳 3350 元认购一套"欧丽曼"化妆品，取得发展下线的资格。截至案发，全国各地 2000 多名大学生被骗。这就是震惊全国的 2000 多名大学生传销案。

案例（1）中，如果小明被坏人第一次抢劫时立即向父母或老师、派出所报告，就不会三番五次地被抢劫。生活中，一些学生被人抢劫、被同学殴打后并不是向家长或学校汇报，而是自己做主到外面找人来报复。要知道报复伤人也是违法的，情节严重构成犯罪的，要被判刑坐牢。

如果青少年发现自己正在或已经受到非法侵害时，就应该采取正确的途径解决。如及时向学校、家庭或者其他监护人报告，由家长、老师或学校出面制止不法侵害，也可以向公安机关或者政府主管部门报告。

案例（2）中，对于打工的青少年来说，打工时要提高法律意识，学会自我保护，用法律武器来维护自己的合法权益。另外，在打工时一定要核实有关信息，弄清中介的真实性，干活前一定要签书面合同，一旦发现被骗或者出现纠纷时，应该及时向执法部门举报，以维护自己的合法权益，避免上当吃亏。

案例（3）中，小敏可以到市劳动局等劳动仲裁部门去投诉，或到法院通过法律手段进行依法起诉。我们一定要重视法律在求职过程中发挥的作用，要敢于拿起法律武器维护自己的合法权益。

从中，我们应了解法律的重要性，它是保护青少年权益的屏障。

大学生就业合同中的关键问题：

要有法律意识。对《劳动法》和相关法规多一些了解，认识到劳动合同（就业协议）的重要性，知道哪些合同不能签，哪些合同含义不清，日后可能引起争议等。对用人单位的用工制度、养老保险、工资住房、工作条件等多一些了解，以便签订合同时提出相应的要求，进而作出合理的选择。在签合同时，为保证合同的公正性、合理性，减少漏洞，最好请专家进行指导。

其次要特别注意合同上的一些用词，以防上当。

案例（4）为青少年尤其是急于求职的大学生们，敲响了警钟：应警惕社会上的种种诈骗活动。

传销组织都是非法的，是不可能受到法律保护的，它的存在会给家庭以及学生本人的身心造成一定伤害，并且一些传销组织已经开始具有黑社会的性质，对社会危害性越来越大，将成为国家打击的重点对象。

面对传销组织向大学校园的侵入，大学生们要提高警惕，防患于未然，了解一些如法制方面的、提高安全意识方面的知识，树立正确的择业观。不要贪图小便宜，不要随便相信网上或者非正规的中介，要树立脚踏实地的为人作风，同时，如果发现周边有同学参与传销组织一定要及时上报。若身陷其中，务必向公安机关求助。

总之，青少年应知法、守法，以法律这件武器，维护权益。生活中，我们要做到：

（1）多看报纸、杂志和电视中有关法律问题的报道。其实，法律就在我们身边，只要注意观察，你就能发现，什么是合法的，什么是不合法的，从而培养自己的法律意识。

（2）通过网络，了解法律术语。网络中有很多法律案例，并有相关的司法解释，多看、多问、多查，就能从中学习到很多法律常识及专业知识。

（3）在生活实践中，验证自己掌握的法律知识。设身处地将自己想象成某事件的当事人，然后分析在某种特殊的情况下，应该怎么做。我们不但要知法，而且要做到会用法。

（4）遇事要保持冷静，不冲动，不极端。先仔细分析什么是合法的解决办法，什么是不合法的解决办法。别人偷你东西是违法的，但是你要殴打小偷的话，你也一样违法了。维权先要保持镇静，让自己占据法律的上风。

（5）向老师或者父母、公安机关求助。有时候自己不能明确作出维权的行动，就要及时向别人请求帮助，他们会指导或者代替你作出维权行动。

（6）不要胆怯。让自己永远站在法律支持的一边，也只有这样，才能有足够的勇气和胆量面对不法侵害，才敢于拿起法律的武器，向罪恶宣战。

第十一章

养成良好的习惯

每天自省5分钟

生活中，许多青少年面对问题时，总是说"我不是故意的""这不是我的错""本来不会这样的，都怪……"找借口、指责别人已经成为很多人的习惯，反省自己却比登天还难。人人都犯过错误，但很少有人能反省自己。

大多数人就是因为缺乏自省习惯，不晓得自己这些年以来的转变，才会看不清楚自己的本质。而一个不晓得自身变化的人，就无法由过去的演变经验来思考自己的未来，当然只能过一天算一天。

一个人如果能随时诘问自己过去的转变，就可以找出以往看待事物的观点是对还是错。若是正确，往后当然可以继续以此眼光去面对这个世界；万一是错的，也可以加以修正。如此，就可以帮助你以正确的观点去看待周围的事物。

著名作家梁晓声曾在《随想录》里回忆说，少年时代的他曾是一个爱撒谎的孩子，总是企图用谎话推掉自己对于某件事的责任。可是，这种撒谎的行为常常使他产生浓重的内疚感，他意识到自己在做不好的事，但还是忍不住去做，这使他处于非常矛盾的境地。

正是这样一种并不很坚定的自省意识，使他逐渐抑制住了爱撒谎的不好苗头，消灭了一种消极品性滋长的可能性。

1977年，梁晓声从复旦大学毕业。在去北京的火车上，他细细反省了一下自己在复旦3年的所作所为，将自己做过的亏心事细数了一遍。透过这些亏心事，梁晓声认识到了自身性格中的不少消极因素，诸如怯懦、"随风倒"等。认清了这些消极因素，梁晓声就通过自觉的努力去克服它们，从而使自己的性格朝着有利于成功的方向发展。

梁晓声说："我的最首位的人生信条是：'自己教育自己。'"他把反省列为人生信条的首位，肯定是有他自己的道理的。通过自省，他能够清晰地认识到自己性格中的种种消极因素，自觉地抑制这些因素的扩张。

曾子说："吾日三省吾身。"智者以世人为鉴，时刻反省；愚者只以自己为鉴，永远只能停留在原地。

人生天地间，浮浮沉沉、起起落落是常有的事情，这就要求我们必须随时自我反省，修正自己的错误，扬长补短。

青少年朋友，我们每天可以抽出5分钟时间，反省一下自己：

与人交往中，我今天有没有做不利于人际关系的事？在与某人的争执中我是否也存在不对的地方？对某人说的那句话是否得体？某人对我不友善是否有什么特殊原因？

做事的方法。今天所做的事，处理是否恰当？是否有不妥之处？怎样做才会更好？有没有补救措施？

到目前为止，我做了些什么事？有无进步？时间有无浪费？目标完成了多少？

反省的好处在于：可以修正自己的言行和方向，借修正言行来使自己进步。

每日反省5分钟，能纠正你做人处世的方法，让你有更加明确的方向。

锤炼一双勤劳的手

著名哲学家罗素指出："真正的幸福绝不会光顾那些精神麻木、四体不勤的人们，幸福只在辛勤的劳动和晶莹的汗水中。"勤劳，是中华民族引以为荣的传统美德。而如今，一些青少年"饭来张口，衣来伸手"，"贪图安逸"成为他们生活的主题。殊不知，将来危害的还是自己。

有一位老农，临死的时候，把他的3个儿子召集到床前，对他们说："我很快就要离开你们了，希望你们能在我去世之后比现在过得更好。我担心将来你们会受苦。因此，在我们家的那块地里，我埋下了一坛金子，这是我一辈子积攒得来的。"老人去世后，他的儿子便在老人所说的土地上挖金子，令他们感到奇怪的是，他们翻遍了每一寸土地，却始终没有找到那坛金子。他们感到很失望。当时恰逢播种的季节，随着失落的心情，儿子们将那块地进行了耕种。

几个月过去了，收获的季节来临了，由于儿子们深翻了土地，因此获得了前所未有的大丰收。更令他们高兴的是：他们恍然明白了老人的用意。

俗语说：千金唾手得，一勤最难求。有勤劳的双手，才有美丽丰硕的人生。

比尔·盖茨曾说："懒惰、好逸恶劳乃是万恶之源，懒惰会吞噬一个人的心灵，就像灰尘可以使铁生锈一样，懒惰可以轻而易举地毁掉一个人，乃至一个民族。"

亚历山大征服波斯人之后，他亲眼目睹了这个民族的生活方式。亚历山大注意到，波斯人的生活十分腐朽，他们厌恶辛苦的劳动，却只想舒适地享受一切。亚历山大不禁感慨道："没有什么东西比懒惰和贪图享受更容易使一个民族奴颜婢膝的了；也没有什么比辛勤劳动的人们更高尚的了。"

对于任何人而言，懒惰都是一种堕落的、具有毁灭性的东西。懒惰、懈怠从来没有在世界历史上留下好名声，也永远不会留下好名声。懒惰是一种精神腐蚀剂，因为懒惰，人们不愿意爬过一个小山岗；因为懒惰，人们不愿意去战胜那些完全可以战胜的困难。

因此，那些生性懒惰的人不可能在社会生活中成为一个成功者，他们永远是失败者。成功只会光顾那些辛勤劳动的人们。懒惰是一种恶劣而卑鄙的精神重负，人们一旦背上了懒惰这个包袱，就只会整天怨天尤人、精神沮丧、无所事事，这种人将成为对社会的无用之人。

许多青少年在安逸的生活中忽略了懒惰的可怕性而变得愚昧无知，他们只会从享受中体味生活，却不懂得如何去营造生活、去创造生活。

勤劳和成功是相辅相成的，有很多人因为勤劳而成功，却很少有因懒惰而成功的人。虽然勤劳并不一定能获得令人瞩目的巨大成功，人们如果辛勤工作，却能够获得个人最大限度的成功。

成功的背后定有辛苦。远古人生火，要花很长的时间去摩擦木头或石头；要吃果实，就爬到很高的树上去摘。因此《圣经》中有两句话：

"流泪撒种的，必欢呼收割。"

"那流着泪出去的，必要欢欢乐乐地带禾捆回来。"

勤劳或懒惰不是天生的，很少有人一生下来就是辛勤的工作者，也很少有人是天生的懒虫，大多数人的勤劳或懒惰都是后天的，是习性所致。此外，孩童时期的家庭环境以及所受的教育，都有很大的影响。

生活中，青少年要养成勤劳的习惯，应做到以下几点：

（1）自己的事自己做，比如洗衣服、刷鞋、收拾房间等。

（2）在学校里，多参加劳动；或走出校园，进行社会实践、公益活动。

（3）假期里打一份工，锻炼自己。

（4）去农村、山区体验生活，认识"勤劳"的价值。

用日记记录心情

青少年朋友，你热爱写日记吗？

日记，一个无声的朋友，却忠实地包容我们一切的烦恼、忧愁、悲伤、愤怒，也分享着我们的羞涩、欢乐、甜美、秘密……它是青少年毫无保留地袒露内心的花园，倾诉、宣泄之中，我们可以渐渐地清醒头脑、增强信心，并找回自我。

一方面，它记录我们的成长轨迹，书写我们的灿烂年华；另一方面，它可以帮助我们提高写作水平，积累有价值的素材。

文学家、教育家叶圣陶主张"从小学高年级起，就使学生养成写日记的习惯"。他认为，写日记可以培养"实事求是说老实话"的文风，是提高写作能力的好办法。

俄国文学家列夫·托尔斯泰的作品在世界各国广为流传。列宁称赞他的小说是"俄国革命的镜子"，给予很高的评价。列夫·托尔斯泰的小说为什么写得那么好呢？原因是多方面的。他坚持写日记，是其中一个重要的因素。

从19岁到82岁逝世，除中间间断了一段以外，托尔斯泰写了51年的日记。每天深夜，临睡前，他总是以写日记结束一天的生活。日记，是托尔斯泰积累素材、训练语言的有效工具。他早年的小说《昨天的事》，就完全是从日记里构思出来的。

中国近现代著名学者、思想家胡适一生坚持写日记，先后有50多年。

日记中有他的读书治学、朋友交往，有他对社会时事的观察和分析，有他个人和家庭的生活记录，有诗文和往来书信，等等。而且，附有重要剪报或相关文件；在需要印证和留念的地方，还配有精美的插图插页，这些都使日记丰富多彩。

日记不仅忠实地记录了他不平凡的一生，还涉及中国近现代社会的方方面面。因此，可以从中了解胡适其人，了解中国近现代史的风云变幻、文坛佳话、政界机要，以及高层的某些趣闻逸事；同时，在做人、交友、求知、立业诸方面都有具体而生动的记载。

鲁迅说："我本来每天写日记，是写给自己看的……写的是信札往来，银钱收付，无所谓面目，更无所谓真假……例如，二月二日，得 A 信，B 来。三月三日，雨，收 C 报薪水 X 元，复 D 信。"

他一生坚持写日记，直到逝世前 3 天，为后人留下了宝贵的遗产。在日记中，有些只不过是一些阴晴圆缺、油盐酱醋、迎来送往的琐屑小事，读来却让人心生亲切踏实之感。像他们一样，很多在事业上有所作为的人都有坚持写日记的习惯，这对他们的成功很有帮助。

那么，青少年朋友怎样写好日记呢？

（1）形式要活泼，方法不拘一格。

（2）要注意材料的选择和剪裁，既要写得简洁，又要写得具体形象，写出新意来。千万不能把日记写成一本流水账。写日记，要写出自己的感受，写出真情实感来。

（3）要及时捕捉住生活中的触点，用准确的语言把它们记录下来。

（4）要想使自己的日记有内容写，一定要热爱生活，积极参加各项活动。

（5）持之以恒。写日记，难就难在坚持。鲁迅、巴金等大文学家就坚持写了几十年的日记。科学家竺可桢数十年如一日坚持写物候日记，竟写了四五十本。逝世前一天还用发抖的手，写下当天的气温、风向。青少年应向他们学习。

告别拖延和惰性，把握今天

生活中，我们都会有这样一些经历：早上闹钟响了，想起床又告诉自己"再睡几分钟吧"，结果有可能会迟到；想给亲友、同学打个电话，等到几小时、几天之后才打；这个月需完成的学习任务要到下个月才写；衣服堆得有味了再洗……

拖延使青少年无数美好的梦想、计划变成幻想，使青少年丢失了"今天"。

成功学创始人拿破仑·希尔说："生活如同一盘棋，你的对手是时间，假如你行动前犹豫不决，或拖延行动，你将因时间过长而痛失这盘棋，你的对手是不容许你犹豫不决的！"拖延是行动的死敌，也是成功的死敌。拖延令我们永远生活在"明天"的等待之中，拖延的恶性循环使我们养成懒惰的习性、犹豫矛盾的心态，这样就成为一个永远只知抱怨叹息的落伍者、失败者、潦倒者。拖延是这样的可恶，然而又这样的普遍，原因在哪里？

成功素质不足、自信不足、心态消极、目标不明确、计划不具体、策略方法不够多、知识不足、过于追求十全十美，这些都是原因。

其实拖延就是纵容惰性，也就是给了惰性机会，如果形成习惯，它会很容易消磨人的意志，使你对自己越来越失去信心，怀疑自己的毅力，怀疑自己的目标，甚至会使自己的性格变得犹豫不决，养成一种办事拖拉的作风。

一日有一日的理想和决断。昨日有昨日的事，今日有今日的事，明日有明日的事。今日的理想，今日的决断，今日就要去做，一定不要拖延到明日，因为明日还有新的理想与新的决断。

明代钱福写了一则《明日歌》：

明日复明日，明日何其多！

日日待明日，万事成蹉跎。

世人皆被明日累，明日无穷老将至。

晨昏滚滚水东流，今古悠悠日西坠。

百年明日能几何？请君听我《明日歌》。

它对于漠视"今天"的青少年来说，极有警诫意义。

杰出人士为了打败"拖延"这个敌人，往往会给自己制订一张严密而又紧凑的工作计划表，然后像尊重生命一样坚决地去执行它。

人们问富兰克林："你怎么能做那么多的事呢？""您看看我的时间表就知道了。"他的作息时间表是什么样子呢？

5 点起床，规划一天事务，并自问："我这一天要做些什么事？"

上午 8 点至 11 点，下午 2 点至 5 点，工作。

中午 12 点至 1 点，阅读，吃午饭。

晚 6 点至 9 点，用晚饭、谈话、娱乐考查一天的工作，并自问："我今天做了什么事？"

此外，由于种种原因，杰出人士可能会被迫拖延自己想要做的工作，对于这种导致拖延的外在阻力，他们也有一套对付的方法。

维克多·雨果是 19 世纪法国著名作家。有一回，他为了创作一部新作品，便紧张地投入到工作中。可是，外面不断有人来邀他去赴宴，出于礼节，他不得不去，为此浪费了好多时间。最后，他想出了一个绝妙的办法，把自己的头发剪去一半，又把胡子剪掉，再把剪子扔到窗外。这样，他就不好出去会客，而不得不留在家里。于是他专心致志地埋头创作，把又一部巨著奉献给人们。

惰性是人的一种劣根性，为了做成某件事，必须与它抗争，超越这种劣根性的钳制。但是这种抗衡和超越不容易心甘情愿，一开始总要由一些外力来强制，进而才能逐渐内化为恒定的精神和行为习惯。如果想战胜它，勤奋是唯一的方法。对于人来说，勤奋不仅是创造财富的根本手段，而且是防止被舒适软化、涣散精神活力的"防护堤"。

青少年如何克服拖延、摆脱惰性呢？美国著名组织管理专家、效率大师斯蒂妮·卡尔帕女士，曾提出 18 种有效的方法。青少年朋友不妨一试：

（1）承认拖延。

（2）接受挑战。

（3）列出所有的借口、拖延的后果。

（4）纠正自己，避免去说"等到……""暂时"这类的话。

（5）把制定期限视为一种生活方式。

（6）分而治之、积少成多，逐步完成。

（7）把一些工作分派给他人去做或干脆删除。

（8）保持整洁有序。

（9）不要过分准备。

（10）要果断坚决。

（11）定出优先顺序以利于制订计划。

（12）留意自己的精力周期，将冗长乏味的工作安排在你精力水平处于巅峰的时间段里去完成。

（13）把你的计划和做法告诉别人，尽力完成承诺。

（14）果断迈出第一步。

（15）一次只处理一个问题。

（16）不要三心二意。

（17）每完成一样工作或方案，就奖赏一下自己。

（18）不能做完的事不要开始，开始了就一定要做完。

做事追求完美，但不苛求

有句广告词说："没有最好，只有更好！"作为不甘平庸的青少年，应该不断追求完美。

追求完美，就是做任何事情都力求做到最好，至少是自己能力的极限。能够做得更好的事情绝不迁就自己的惰性；明明知道可以做得更好，绝不抱着"差不多就行了"的思想得过且过。

追求完美，是人类自身在渐渐成长过程中的一种心理特点，或者说一种天性。人类正是在这种追求中，不断完善着自己，使得自身脱去了以树叶遮羞的衣服，变得越来越漂亮，成为这个世界万物之精灵。如果人只满足于现状，而失去了这种追求，那么大概现在还只能在森林中爬行。

19 世纪末，英国有一位唯美派作家王尔德。他对于文学创作非常投入，写作时一丝不苟、不遗余力，改稿不厌其烦。有一天，当王尔德显得有些劳累在餐馆用晚餐时，他的好友问："你今天一定很忙吧？看你一副累垮了的模样。"

王尔德回答："是啊！今天真是累人，我整个上午都在校对一首诗稿。"朋友说："只是这样啊！结果呢？"王尔德说："结果删掉了一个逗点，真的好累！"朋友吃惊地说："就只有这样？"王尔德很认真地说："是这样没错啊！可是……"朋友好奇地追问："可是什么？"王尔德说："可是到了下午，我又把那个删掉的逗点加了回去。"

由于王尔德追求更高的完美，因此，他的不少作品成为世界名著，到现在还广为流传。

然而，在生活中，一味追求纯粹的完美是不现实的。

有一个男人，他一辈子独身，因为他在寻找一个完美的女人。当他 70 岁的时候，有人问他："你一直在到处旅行，从一个城市到另一个城市，你始终在寻找，难道你没能找到完美的女人，甚至连一个也没找到吗？"

那老人变得非常悲伤，他说："是的，有一次我碰到了一个完美的女人。"

那个发问者说："那么发生了什么？为什么你们不结婚呢？"

他变得非常非常伤心，他说："怎么办呢？她正在寻找一个完美的男人。"

可见，我们不能一生苛求完美。哲人说："完美本是毒。"

古人常告诫我们，"人无完人，金无足赤""水至清则无鱼，人至察则无徒""不可求全责备""不必吹毛求疵""全则必缺，极则必反，盈则必亏"，等等，这一条条的名言隽语，说的都是不可苛求完美的意思。

生活中，有时我们越要求"完美"，失误越多，常常因此而失去机遇，导致失败。比如我们经常有几年举办一次的高中同学或者大学同学聚会，如果要求计划中的全班同学在某一时刻全到场，常常会"不齐不聚"，拖延又拖延，最后致使聚会"泡汤"，但如果把"求全"降一格，改为"求多"，即超过半数就聚，则肯定能办成。毕竟，个人的发展空间不一样，有的远在天南，有的跑到海北，哪能在同一时间每个人都来呢？

某天，一位教授在课上要求学生们写出追求完美的好处和弊端。一名学生只举出一个好处："这样做有时会得到优秀成绩。"

接着她列出 6 个弊端："第一，它令我神经非常紧张，以致有时连普通成绩也拿不到。第二，我往往不愿冒险犯错，而那些错误是创作过程中所必然会发生的。第三，我不敢尝试新的东西。第四，我对自己诸多苛求，令生活失去了乐趣。第五，由于总是发现有些东西未臻完美，因此我根本不能松弛下来。第六，我变得不能容忍别人，结果别人认为我是个吹毛求疵者。"

根据这个利弊分析，她终于认为若放弃追求完美，生活可能会更有意义和更有成就。

青少年朋友，事事追求完美是一件痛苦的事，它就像是毒害你心灵的药饵。因为，这个世界本来就不是完美的，过去不是，现在不是，未来也不会是，因为它本来就是以"缺陷"的样式呈现给我们的。人如果事事追求完美，那无疑是自讨苦吃。

青少年追求完美的初衷总是最美好的，但如果不切实际地一味追下去，一心只想十全十美，最终往往是两手空空。直到有一天你才会明白：为了寻找一片最完美的树叶而失去了整片的森林，是多么的得不偿失。世间许多悲剧，正是因为一些人热衷于追求虚无缥缈的完美，而忘却了任何一种正常的选择都可以走向完美。完美不是一种既定的现象，而是一种日臻完善的执着追求过程。

第十二章

坦然面对成败得失

学会承受失败

人生一世，就无失败？而杰出者与庸人的区别就在于：如何直面失败。

1934 年，当希特勒统率军队时，丘吉尔喊出战争的危机，英国的政客们一笑置之；当德军侵入奥地利时，英国首相张伯伦与希特勒签署了以牺牲捷克斯洛伐克换取欧洲和平的"慕尼黑协议"，得意扬扬地向英国人民宣布：战争不会发生了！但丘吉尔警告说，战争快要来临了！政客们对他怒目斥之。丘吉尔因而竞选失败。他坚持己见，又引起公愤，以至于被报纸指责为"缺乏谨慎和判断力"。

丘吉尔的远见卓识竟被因循守旧、苟且偷生的一些人当成了一文不值的垃圾。这种失败的境遇足以使一个人垂头丧气或是气得发疯，可是丘吉尔像得胜回朝，依然衔着雪茄，悠然自得，还跑回家乡的别墅度假去了。他兴致勃勃地画画、看书、写作，好像他从来都一帆风顺，从未失败过似的。第二次世界大战爆发了，人们才想起有丘吉尔这个不受欢迎的人。因为他是唯一能在和平时刻洞察战争危机的人，只是他的预言和警言被世人领悟得太晚了。于是 1940 年丘吉尔崭露头角，当上了英国首相。

在失败面前，丘吉尔镇定自若的风度，令我们钦佩，也值得借鉴。

有一位年轻人，一心想成为出色的赛车手。服兵役时，他开过卡车。退役后，他去了一家农场开车。由于业余时间他常去赛车，名次不太好，使得他欠下一笔数目不小的债务。

某一年，他参加了威斯康星州的赛车比赛。当赛程进行到半程的时候，他的赛车位列第三，他有很大的希望在这次比赛中获得好的名次。

突然，他前面那两辆赛车发生了相撞事故，他迅速地转动赛车的方向盘，试图避开他们。但终究因为车速太快未能成功。结果，他撞到车道旁的墙壁上，赛车在燃烧中停了下来。

当他被救出来时，手已经被烧焦，鼻子也不见了，体表烧伤面积达百分之四十。医生给他做了 7 个小时的手术之后，才使他从死神的手中挣脱出来。

经历这次事故，尽管他的性命保住了，可他的手萎缩得像鸡爪一样。医生告诉他说："以后，你再也不能开车了。"

然而，他没有因此而灰心绝望。为了实现那个久远的梦想，他决心再一次为成功付出代价。他接受了一系列植皮手术，为了恢复手指的灵活性，每天他都不停地练习用残余部分去抓木条，有时疼得浑身大汗淋漓，而他仍然坚持着。

他始终坚信自己的能力。在做完最后一次手术之后，他回到了农场，换用开推土机的办法使自己的手掌重新磨出老茧，并继续练习赛车。

仅仅是在 9 个月之后，他重返了赛场！他首先参加了一场公益性的赛车比赛，但没有获胜，因为他的车在中途意外地熄了火。不过，在随后的一次全程 200 英里的汽车比赛中，他取得了第二名的成绩。

又过了两个月，仍是在上次发生事故的那个赛场上，他满怀信心地驾车驶入赛场。经过一番激烈的角逐，他最终赢得了 250 英里比赛的冠军。

他，就是美国颇具传奇色彩的伟大赛车手——吉米·哈里波斯。

生活中，许多人要是没有遇到失败，就不会发现自己真正的才干。他们若不遇到极大的挫折，不遇到对他们生命本质的打击，就不知道怎样发掘自己内部贮藏的力量。

爱默生说："伟大人物最明显的标志，就是坚定的意志，不管环境变化到何种地步，他的初衷与希望，仍然不会有丝毫的改变，而终至克服障碍，以达到所企望的目的。"

卡耐基说："跌倒了再站起来，在失败中求胜利。"这也是历代伟人的成功秘诀。

失败是对一个人人格的考验。在一个人除了自己的生命以外，一切都已丧失的情况下，内在的力量到底还有多少？没有勇气继续奋斗的人，自认失败的人，那么他所有的能力便会全部消失。而只有毫无畏惧、勇往直前、永不放弃人生责任的人，才会在自己的生命里有伟大的进展。

铁，要经过千锤百炼才能成钢；一个普通的人，要经过千锤百炼才能成为一个成功者、胜利者。在他奋斗进取的过程中，每一次失败就是一次锤炼。一个普通的人，身上有很多的缺陷、弱点和短处，带着这些毛病，他是不可能成为一个胜利者、成功者的。只有在失败的痛苦磨炼中，人们才肯丢掉这些毛病。

青少年朋友在面对失败、挫折时，要做到以下几点：

（1）停止抱怨。不断地抱怨问题，只会让你情绪迅速低落。如果你想找出一个解决问题的办法，谈论你的问题是好的，但是让自己成为一个悲剧的主角只会使你持续抱有消极态度，并且一次又一次地提起它，不堪其扰。上帝对每个人都是公平的，抱怨最终只会让自己更被动。

（2）坦然接受事实。千万不要让失败日夜折磨自己的心灵。默默地接受这些事实吧，这会使你的情绪好一些，并且使你对将来抱有积极的态度。

那些错误、背叛你的朋友、你干过的傻事，统统让它们从你的脑海中消失吧！吸取教训并且勇往直前，而不是一直提醒自己这些事情，让它们把你拖垮。你的目标只有一个，就是成功。

（3）依然保持乐观积极的面貌，采用自我心理调适法，提高心理承受能力。

一些研究发现，当心情沮丧的时候做一些你喜欢的事情，或者是购物，或者是"虚度光阴"，都有助于提高你的免疫系统的工作效率、释放紧张情绪。偶尔地放松一下自己，你会更充满力量。

在疲倦和沮丧的时候不要躺下，否则只能让你更消沉。站起来意味着你会更警醒、能够更快地思考、更好地解决问题和保持积极的心态。

（4）调整思路，降低原先脱离实际的"目标"，及时改变策略。

将每一次教训铭记下来

古人说："吃一堑，长一智。"青少年朋友，形形色色的失败并不可怕，学会将每一次教训铭记下来，才是关键之处。

一家大公司招聘人才，应者云集，其中多为高学历、多证书、有相关工作经验的人。经过3轮淘汰，还剩下11个应聘者，最终将留用6个。可想而知，这一轮的竞争将会更加残酷。为了公平、公正而又不致百密一疏，一直在幕后的总裁终于站到前台，亲自担任了第四轮的主考官。

他扫了考场一眼，那里坐着的不是11个而是12个。"谁不是应聘的?"总裁问。

"是我。"后排一个男子应声站起，"不瞒您说，我第一轮就被淘汰了，但我想参加一下面试。"在场的人都笑了，包括站在门口一位服务员打扮的老头儿。

"你第一关都过不了，现在面试又有什么意义呢?"总裁面带微笑，那通常是对失败者的安慰和宽容。

"我掌握了很多财富，我本人就是财富。"

大家又一次笑开了，包括主考官，只有那位老服务员没有笑。

"我只有一个本科学历，一个中级职称，但我有11年工作经验，我先后在18家公司任过职……"

"你的学历和职称都不算高，11年中你跳了18次槽，太叫人吃惊了——""我没有跳槽，而是他们先后破产，我不能在一棵已经枯萎的树上吊死。""你真是倒霉。"总裁摇了摇头，朝门口看了一眼，显然，他是想结束这场毫无意义的谈话了。一直站在门口的服务员拎着水壶走过来，给总裁的杯子里斟满了水。

"我不认为这是我自己的失败，我只有31岁，我很了解那些公司，我也曾和大伙一起，帮他们出主意，力求挽救他们，虽然最终还是失败了，但我从中学到了许多东西。很多人只是追求成功的经验，而我拥有避免失败和错误的经验。"应试者边说边朝门口走过去，"我认为，成功的经验是相似的，失败的原因却千差万别。别人的成功经验不太容易成为我们的财富，别人的失败过程却不难转化为我们的经验。"

这时，应试者微微一笑，说："你们不相信我在这些年中积累起来的经验和培养成的观察力是不是？我现在只举一个小例子，今天担任面试主考官的，不是主考位置上的那一位，而是这位端茶倒水的老先生。"

全场哗然，十多双眼睛不约而同地投向那位老服务员。老人朗声笑了，慢慢直起身来，说："很好，你第一个被录用了，因为我急于知道，我表演失败的原因是什么？"

故事很有趣，也引人深思。

"聪明的人，经历一次教训比蠢人受 100 次鞭挞还深刻。"这句话点出了聪明与愚蠢的最大区别。青少年朋友，其实只要你认真回忆一下，就会发现，你的逐渐长大的过程，就是一个不断犯错误，又不断调整自己、不断进步的过程。

苏格拉底说，一个没有检视的生命是不值得活的。柏拉图进一步说，内省是做人的责任，没有内省能力的人不配做人，人只有透过自我内省才能实现美德与道德。聪明的人懂得内省，他们能够做到"吃一堑，长一智"，从来不在同一个地方跌倒两次。

只有在失败的铁锤的无情锤击下，人们才能变得更坚强，更有韧性，更懂得生活，更懂得人的价值。失败是痛苦的、无情的。失败带来了损失，甚至是灾难。在它发生之前，我们要尽力地避免它。但是在它既已发生之后，我们就不要把它完全看作消极的东西，而要充分认识到它的积极作用，把它作为提高自己精神力量的好机会。人不怕犯错误，关键是要知错能改。对于所犯的每一次错误，我们都应该对它有所分析和记录，避免下次重蹈覆辙。这样，错误就变成了经验。从某种程度上说，这些经验比我们最后的结果还要宝贵。

正是因为不断地经受磨难，人才能变得更加坚强。在日本有个

"八起会"，这是那些因不走运而倒闭的经营者们的集会。他们的领导者曾以"失败是开路的手杖"为题，为"八起会"的成员们作了讲演，这给予当时在座者极大的鼓舞。

的确，人们从失败的教训中学到的东西，比从成功的经验中学到的还要多。

失败的原因很多，其中有骄傲自大、过分自满、夸海口、滥用职权等等。总之，大体上都是因为一些小事而导致巨大的损失。中国的韩非子曾说过："不会被一座山压倒，却可能被一块石头绊倒。"但是，无论什么样的失败，只要你跌倒后又爬起来，跌倒的教训就会成为有益的经验，帮助你取得未来的成功。

试着把劣势转化为优势

青少年朋友，也许你为相貌、身材抱怨过，为家庭条件、工作环境发牢骚。有时，奋力追求的，只是一片荒凉、贫瘠。但，只要你还有乐观、积极、智慧，就能扭转自己的人生劣势，出奇制胜。

青少年朋友，你听过"出卖落后"的故事吗？

当日本成为世界上屈指可数的现代化强国之时，在这个岛国的一个偏僻小山村却几乎与世隔绝，十分落后，生活极为困苦。

一天，村里一位智者召集全村人，语重心长地说："如今，都是什么年代了，咱村的人还过着和原始人差不多的生活，我们深感内疚和痛心！不过，大都市里的人过着现代化生活的时间长了，一定会感到乏味。咱不妨走点回头路，干脆过原始人的生活，利用咱的'落后'出卖'落后'，也许会招徕很多城里人。咱们呢，也可以借此机会做生意赚钱。"

这一计谋博得全村人的喝彩。从此，全村人开始模仿原始人的生活方式，在树上搭房，穿树叶纺织的衣服……

不久，日本新闻媒介惊奇地发现并报道了这个过着"原始人生活"的小山村。此后，成千上万的人慕名而至，参观者络绎不绝，众多的游客为山村带来了可观的财富。有经营头脑的人也来了，他们来这里修路，造宾馆，开商店，将这里开辟为旅游点。小山村的人趁机做各种生意，终于富裕起来了。过了若干年，这里的居民白天上树成为一种职业，晚上回到地面，脱掉兽皮树叶做的衣服，穿了现代时髦服装，住进建筑在景点外围的水泥结构的宿舍里，过上了现代化生活。

故事告诉我们：有的时候劣势、缺点不一定是件坏事，如果引导得好，就会把它转化为优点。

把自己最弱的部分转化为最强的优势，对任何人都非常重要。

曾经，李小龙是在海外华人中声誉很高的一名中国人，却很少有人知道，李小龙练武本来是有先天缺陷的。

首先，他是近视眼，必须戴着隐形眼镜。

对此，李小龙坦诚地说："从小我就近视，所以我从咏春拳学起，因为它最适合做贴身战斗。"

其次，他的两脚不一样长，右脚比左脚短5寸，但也正因为如此，他左脚专事远踢、高踢，如狂风扫叶；右脚专事短促的阻击性踢法或隐蔽性踢法，近身发腿如发炮。同时，两腿长度的不一致使他摆出的格斗姿势优美别致，独具特色，成为一种武功流派的典型。

美国总统罗斯福天生长了一张难看的大嘴，嘴唇又厚又黑，牙齿也极不整齐。后来有人出谋，精心为其制作了一个大烟斗，每次讲演时，他都将那个大烟斗轻轻托于嘴旁，这不仅遮掩了他那张大嘴的难堪，而且使他那别具一格的演讲家气质显得更加动人潇洒。

当然，我们并非都要像这些名人一样，但我们可以从他们那里学到一些如何应付弱势，以及如何充分利用已经出现不能改变的弱势，化不利为有利，为自己战胜失败的人生助一臂之力。

格兰恩·卡宁汉自小双腿因烧伤无法走路，他却成为奥运会历史上长跑最快的选手之一。

他认为，一个运动员的成功，85%靠的是信心及积极的思想。换句话说，你要坚信自己可以达到目标。他说："你必须在3个不同的层次上去努力，即生理、心理与精神。其中精神层次最能帮助你，我不相信天下有办不到的事。"

拥有积极的心态，就能使一个人将自己的弱点积极地转化为最强的部分。这种转化的过程有点类似焊接金属一样，如果有一片金属破裂，经过焊接后，它反而比原来的金属更坚固。这是因为高度的热力使金属的分子结构结合得更为紧密。

青少年朋友，你可以根据下列步骤，把自己的弱点转化为优点。

（1）孤立弱点，将它研究透彻，然后设计一个计划加以克服。

（2）详细列出你期望达到的目标。

（3）想象一幅将你自己的弱势变成强势的景象。

（4）立即开始，努力成为你希望的强人。

（5）在你的最弱之处，采取最强的步骤。

（6）请求他人的帮助，相信他们会这样做的。

面对困境，再试一次

1948 年，牛津大学举办了一个题为"成功的秘诀"的讲座，邀请丘吉尔前来演讲。

演讲的那一天，会场上人山人海，全世界各大新闻机构的记者都到齐了。

上台后，丘吉尔用手势止住掌声，说："我的成功秘诀有三个：

"第一是，绝不放弃；

"第二是，绝不放弃绝不放弃；

"第三是，绝不放弃绝不放弃绝不放弃。

"我的演讲结束了。"

说完他就走下了讲台。

会场上沉寂了一分钟后，突然爆发出热烈的掌声，久久不息。这成为他最著名的一次演讲。

放眼古今中外的历史，可以说，成功者大都是经历失败最多、挫折最重的人。

儒勒·凡尔纳，不仅是著名作家，而且是科幻小说之父。可他的第一部科幻小说《气球上的五星期》投稿之后，竟被 15 次退稿，气得他差一点把稿子投进壁炉烧掉。世界短篇小说大师莫泊桑在他的成名作《羊脂球》发表之前，已经写了多少没有发表的作品呢？其稿子摞起来足有写字台那么高。就说我国小说创作和出版成就卓著的贾平凹吧！他的奋斗自然也是艰苦的。他起初寄往四面八方的小说稿被一篇又一篇连续不断地退回，竟有 127 篇之多。

如丘吉尔一样，他们最终成功的法宝是：永不言弃，再试一次。

青少年朋友，让我们来看一个人的经历：

1831 年，22 岁，经商失败。

1832 年，23 岁，竞选州议员，但落选了。想进法学院学法律，但进不去。

1833 年，24 岁，向朋友借钱经商，年底破产。接下来花了 16 年，才把这笔债还清。

1834 年，25 岁，再次竞选州议员，竟然赢了。

1835 年，26 岁，订婚后即将结婚时，未婚妻死了，因此心也碎了。

1836 年，27 岁，精神完全崩溃，卧病在床 6 个月。

1838 年，29 岁，努力争取成为州议员的发言人，没有成功。

1840 年，31 岁，争取成为被选举人，落选了。

1843 年，34 岁，参加国会大选，又落选了。

1846 年，37 岁，再次参加国会大选，这次当选了。

1848 年，39 岁，寻求国会议员连任，失败了。

1849 年，40 岁，想在自己的州内担任土地局长，被拒绝了。

1854 年，45 岁，竞选参议员，落选了。

1856 年，47 岁，在共和党的全国代表大会上争取副总统的提名，得票不到 100 张。

1858 年，49 岁，再度竞选参议员，再度落选。

1860 年，51 岁，当选美国总统。

他就是林肯。屡败屡战、永不放弃，让他成为令全世界都为之叹服的伟大人物。

可见，不轻言放弃，再难的事也能成功。没有恒心，遇到困难就中途放弃，则一事无成，再容易的事也会成为困难的事。

天下事最难的不过十分之一，能做成的有十分之九。要想成就大事大业的人，尤其要有恒心来成就它，要以坚忍不拔的毅力、百折不挠的精神、排除纷繁复杂的耐性、坚贞不屈的气质，作为涵养恒心的要素。

一个人之所以成功，不是上天赐给的，而是日积月累自我塑造的，千万不能存有侥幸的心理。幸运、成功永远只会属于辛劳的人，有恒心不轻言放弃的人，能坚持到底的人。事业如此，德业如此。

"冰冻三尺，非一日之寒。"从这个自然现象中就能体现出恒心来，一日曝之，十日寒之；一日而作，十日所辍，成功的概率，几乎等于零。

大发明家爱迪生曾说："我从来不做投机取巧的事情。我的发明除了照相术，没有一项是由于幸运之神的光顾。一旦我下定决心，知道我应该往哪个方向努力，我就会勇往直前，一遍一遍地试验，直到产生最终的结果。"

凡事不能持之以恒，正是很多人失败的根源。让我们一同来读英国诗人勃朗宁的诗，以此共勉：

实事求是的人要找一件小事做，

找到事情就去做。

空腹高心的人要找一件大事做，

没有找到则身已故。

实事求是的人做了一件又一件，

不久就做一百件。

空腹高心的人一下要做百万件，

结果一件也未实现。

生活中，青少年朋友面对失败、厄运时，不妨试试如下建议：

(1) 认清失败的本质。如何看待失败，完全是一个态度问题，只要你不服输，失败就不是定局。

(2) 检讨失败，吸取教训。要把失败看作学习的机会。

(3) 毅力要与行动结合。

(4) 告诉自己："我一定能做到！"如果你一遇到困难就认为无法解决，那么就真的不会找到出路，因此一定要拒绝"无能为力"的想法。不要钻牛角尖。如果遇到一个难以解决的困难，不妨先停下来，找出原因，然后重新开始。

(5) 看清自己的弱点。从失败中学习，最难的是找出并正视导致失败的个人弱点。这个过程需要有真正坦诚的个性。一旦你看清自己的弱点，就要开始努力克服。

(6) 成功是一连串的奋斗。千万不要把失败的责任推给你的命运。如果你失败了，那么继续奋斗吧！

转个弯儿看世界

海伦·凯勒，从小生活在无声的世界之中，但在老师苏文的帮助下，她的心灵之窗被打开。她以一种新奇的眼光去看黑暗世界中的光明、美丽，最终留下动人心魂的作品。

两个水桶一同被吊在井口上。其中一个对另一个说："你看起来似乎闷闷不乐，有什么不愉快的事吗？"

"唉，"另一个回答，"我常在想，这真是一场徒劳，好没意思。常常是这样，刚刚重新装满，随即又空了下来。"

"啊，原来是这样。"第一个水桶说，"我倒不觉得如此。我一直这样想：我们空空地来，装得满满地回去！"

即使是在同样的境遇，同样的环境中成长的人，有人觉得幸福，有人深感不幸；两人同时望向窗外，一人看到星星，一人看到污泥。这代表着两种截然不同的态度。

可见，遭遇厄运、失败时的态度，生活得快乐不快乐，全在自己对人生的态度和理解。

清朝人金圣叹是一个对生活永远持乐观态度的人，他潇洒达观，十分懂得玩味和领会生活的乐趣。有一次他和一位朋友共住，屋外下了 10 天雨，对坐无聊，他便和朋友一件件地说日常生活中的乐事，一共列出了 30 多件"不亦快哉"的事。

比如，夏七月，天气闷热难当，汗出遍身。正不知如何时，雷雨大作，身汗顿收，地燥如扫，苍蝇尽去，饭便得吃——不亦快哉！

独坐屋中，正为鼠害而恼，忽见一猫，疾趋如风，除去了老鼠——不亦快哉！

上街见两个酸秀才争吵，又满口"之乎者也"，让人烦恼。这时来一壮夫，振威一喝，争吵立刻化解——不亦快哉！

　　饭后无事，翻检破箱，发现一堆别人写下的借条。想想这些人或存或亡，但总之是不会再还了。于是找个地方，一把火烧了，仰看高天，万里无云——不亦快哉！

　　在金圣叹眼里，平凡的生活处处充满着快乐。这恰好印证了牛顿的一句话："愉快的生活是由愉快的思想造成的，愉快的思想又是由乐观的个性产生的。"

　　乐观的人就是这样看待生活和问题的，他们总向前看，他们相信自己，相信自己能主宰一切，包括快乐和痛苦。

　　明人陆绍珩说，一个人生活在世上，要敢于"放开眼"，而不向人间"浪皱眉"。

　　"放开眼"和"浪皱眉"就是对人生两面的选择。你选择正面，你就能乐观自信地舒展眉头，面对一切。你选择背面，你就只能是眉头紧锁，郁郁寡欢，最终成为人生的失败者。

　　悲观失望的人在挫折面前，会陷入不能自拔的困境；乐观向上的人即使在绝境之中，也能看到一线生机，并为此而努力。

　　"要看到光明的一面。"一个年轻人对他的牢骚满腹、愁眉不展的朋友说，"但是，没有什么是光明的。"他的朋友心事重重地回答："那就把不光的一面打磨一下，让它显出光亮不就得了！"

　　"即使到了我生命的最后一天，我也要像太阳一样，总是面对着事物光明的一面。"诗人说。

　　我们应该养成乐观的个性，面对所有的打击我们都要坚强地去承受，面对生活的阴影我们也要勇敢地去克服。要知道，任何事物总有它阴暗的一面，我们应该去发现光明的一面。垂头丧气和心情沮丧是非常危险的，这种情绪会减少我们生活的乐趣，甚至会毁灭我们的生活本身。

　　活着是需要睿智的。如果你不够睿智，那至少可以豁达。以乐观、豁达、体谅的心态看问题，就会看到事物美好的一面；以悲观、狭隘、苛刻的心态去看问题，你会觉得世界一片灰暗。

　　换个角度看人生，你就会从容坦然地面对生活。当痛苦向你袭来的时候，不要悲观气馁，要寻找痛苦的成因、教训及战胜痛苦的方法，勇敢地面对这多舛的人生。

换个角度看人生，你就不会为升学失败、商场失手、情场失意而颓废，也不会为名利加身、赞誉四起而得意忘形。

换个角度看人生，是一种突破、一种解脱、一种超越、一种高层次的淡泊宁静。